헛    된 세상,
헛  되지 않은 삶

WHY EVERYTHING MATTERS
by Philip G. Ryken

Copyright ⓒ 2015 Philip Ryken
Originally published in English under the title *Why Everything Matters*
published by Christian Focus Publications, Geanies House, Fearn,
Tain, Ross-shire, IV20 1TW, Scotland, UK
All rights reserved.

Korean Edition published by Word of Life Press, Seoul 2018
Translated and published by permission.
Printed in Korea.

헛된 세상,
헛되지 않은 삶

ⓒ 생명의말씀사 2018

2018년 2월 23일 1판 1쇄 발행

펴낸이 ㅣ 김재권
펴낸곳 ㅣ 생명의말씀사

등록 ㅣ 1962. 1. 10. No.300-1962-1
주소 ㅣ 서울시 종로구 경희궁1길 5-9(03176)
전화 ㅣ 02)738-6555(본사) · 02)3159-7979(영업)
팩스 ㅣ 02)739-3824(본사) · 080-022-8585(영업)

기획편집 ㅣ 임선희
디자인 ㅣ 조현진
인쇄 ㅣ 영진문원
제본 ㅣ 정문바인텍

ISBN 978-89-04-16619-0 (03230)

저작권자의 허락없이 이 책의 일부 또는 전체를
무단 복제, 전재, 발췌하면 저작권법에 의해 처벌을 받습니다.

# 헛된 세상, 헛되지 않은 삶

Why Everthing Matters

필립 G. 라이큰 지음
구지원 옮김

생명의말씀사

# 추천의 글

전도서는 모든 것이 해결되고 모든 답이 깔끔하게 제공되는 시트콤이 아니다. 전도서는 리얼리티 쇼다. 산만한 미완성 같다. 그 진실이 우리를 부끄럽게 만든다. 일전에 나는 전도서를 처음부터 끝까지 설교한 적이 있는데 그때 제대로 이해했던 건지 잘 모르겠다. 그래서 다시 설교할 때에는 필립 라이큰의 따뜻하고 통찰력 있는 『헛된 세상, 헛되지 않은 삶』을 첫 번째 참고도서로 삼을 작정이다.

― 브라이언 로리츠(Bryan Loritts), 트리니티그레이스교회 목사

이 책의 아름다움은 미국의 저명한 강단에서 십 년의 사역을 마친 대학총장에게서 나왔다는 점이다. 거기서 그는 장기간에 걸쳐 책으로도 출간된 전도서 시리즈를 설교했다. 학기가 진행되는 동안 청중은 아버지 같은 경건한 총장의 음성에서 간결함과 통쾌함을 경험했다. 『헛된 세상, 헛되지 않은 삶』은 의미 있는 삶을 살아가는 데 꼭 필요한 지혜로 모든 이의 마음을 일깨우고 높여 주는 책이다.

― R. 켄트 휴스(R. Kent Hughes),
휘튼대학 명예교수, 웨스트민스터신학대학원 교수

필립 라이큰의 『헛된 세상, 헛되지 않은 삶』은 전도서를 놀랍게 다룬다. 본문을 연구함에 있어 학자적 지성과 목회자적 감성을 아름답게 섞는다. 많은 이에게 어렵게 느껴지는 책을 신실하게 주해한다. 하나님의 영감으로 기록된 말씀을 가르치는 목사와 교사에게 이 책을 기쁘게 추천한다.

— 대니얼 L. 아킨(Daniel L. Akin), 사우스이스턴침례신학대학원 총장

이 책은 당신에게 큰 유익이 될 것이다. 신선하고 정직하다. 시종일관 통찰이 있다(이를테면 1장 말미나 8장 전체는 책값 이상의 충분한 가치가 있다). 매력적일 뿐 아니라 (허먼 멜빌부터 핑크 플로이드에 이르기까지) 문화적으로 연계되어 있다. 무엇보다 가장 유익한 것은 이 책이 전도서와 마찬가지로 하나님께 초점을 맞춘다는 것이다. 이것은 힘겨운 일상의 번뇌 속에서 공허감을 해결해야 하는 우리에게 꼭 필요하다. 결국 『헛된 세상, 헛되지 않은 삶』은 우리를 하나님께로, 그리고 그분 안에서 기쁨을 발견하는 데로 인도한다. 당신이 중요한 의문점들을 세세히 따지는 갓 회심한 그리스도인이든, 그 의문점들을 재검토하는 오래된 신자이든 열렬히 이 책을 추천한다.

— 마이크 불모어(Mike Bullmore), 크로스웨이커뮤니티교회 목사

어떤 책들은 인생을 바꿔 주겠다고 약속하지만 라이큰 총장은 그보다 더 도움이 되고 신뢰가 간다. 그가 지혜롭게 전도서를 이해한 덕분에 당신은 인생에서 구부러진 길을 항해하는 방식, 성공을 정의하는 방식, 이 세상의 불의 속에서 하나님의 계획을 받아들이는 방식을 바꿀 수 있다.

— 존 누니스(John Nunes), 밸퍼레이조대학 교수

우리는 매일 자신의 공허함을 쾌락과 성취로 채우려는 사람들에 둘러싸여 있다. 성경 중 전도서만큼 이 무의미한 추구를 명쾌하게 설명하는 책이 없다. 또한 내가 읽어본 전도서 책 중 필립 라이큰의 『헛된 세상, 헛되지 않은 삶』만큼 모든 헛된 추구에 대해 그리스도의 복음을 가지고 이토록 예술적으로 답한 책이 없다.

— 앤드류 데이비스(Andrew Davis), 퍼스트침례교회 목사

필립 라이큰은 21세기를 사는 우리에게 적합하도록 성경의 메시지를 깔끔하게 정리한다. 그는 문학적 통찰과 현대적 예화를 사용하여 요즘 사람들도 그때와 동일한 질문을 하고 있으며, 전도서가 그들에게 목적과 의미를 주시는 동일한 하나님께로 향하게 함을 보여 준다.

— 스티븐 친(Steven Chin), 보스턴중국인복음주의교회 목사

필립 라이큰이 성경의 독자와 교사 모두에게 도움이 될 만한 또 하나의 파릇파릇하고 생생하고 신실한 책을 내놓았다. 이 책은 전도서라는 놀랍고 독특한 세계를 열어 주는 데 큰 도움이 될 것이다. 강하게 추천한다.

— 샘 앨버리(Sam Allberry), 세인트메리교회 목사,
「Is God Anti-Gay?」, 「James For You」의 저자

# 목 차

**시작하는 글**  모두를 위한 책, 전도서         12

1. ### 왜 전도서인가?         17
   전도서를 알아야 하는 이유 | 헛되고 헛되다 | 해 아래 새것이 없다 | 만물을 새롭게 하는 분

2. ### 궁극적인 탐색         35
   코헬렛에 대하여 | 구도자의 질문 | 우리 삶에 일어나는 나쁜 일들 | 바람을 잡으려는 허망함 | 인간의 끝없는 탐구 | 희망찬 결론

3. ### 참된 즐거움         53
   쾌락 테스트 | 거침없는 쾌락주의 | 인생의 멋진 일들 | 어리석은 쾌락 | 하나님에 대한 갈망 | 의미 있는 쾌락

4. ### 노동과 성취         71
   당신이 가질 수 없다 | 일의 저주 | 사랑하며 누려라! | 수고의 열매

5. ### 하나님의 시간표         89
   모든 일에 때가 있다 | 아버지께서 주관하신다 | 완벽한 타이밍 | 우리의 앞날은 하나님 손에 있다 | 세월을 아끼라

6. **죽음과 불의** 105

비정한 사회 | 공의로 심판하신다 | 흙에서 흙으로 | 죽음 이후의 삶 | 흙에서 영광으로

7. **불확실한 만족** 123

경제적 불의 | 부자병과 영적 파산 | 일시적 부요 | 예수님 안에 참된 만족이 있다

8. **하나님께서 굽게 하신 것** 141

형통한 날, 곤고한 날 | 멸망으로 이끄는 두 가지 위험 | 고통을 허락하시는 이유 | 하나님의 선하심을 신뢰하라

9. **창조주를 기억하라!** 159

젊은 날의 즐거움 | 노년의 아쉬움 | 돌이킬 수 없는 최후 | 기억해야 할 이유 | 우리를 결코 잊지 않으시는 하나님

10. **하나님을 경외하는 삶** 177

처음과 끝 | 인생을 담은 문학 | 목자의 막대기 | 더 이상 헤매지 말라 | 모든 것이 중요하다

우리에게 모든 선한 은사를 주시는 하나님 안에서의

우정, 감사, 고된 수고, 그리고 기쁨….

전도서에서 만나는 이 덕목들을 몸소 실천하며 사셨던

나의 삼촌 게리트 버센달(Gerrit Versendaal)을

추억하며….

**시작하는 글** 모두를 위한 책, 전도서

17세기 시인이자 목회자인 존 던(John Donne)은 전도서가 그를 죄악된 세상에서 살아가는 죄악된 한 인간으로 여긴다는 걸 발견했다. 저자(통상 솔로몬 왕으로 본다)가 "자신의 죄를 하나도 숨기지 않고 자기 영혼을 그 책에 쏟아 놓고 있기" 때문이다.[1] 인생의 괴로움을 솔직하게 털어 놓음으로써, 전도서는 씨름하며 몸부림치는 사람들의 마음에 감동을 준다.

또한 전도서는 오늘(어느 때이든)의 쟁점에 말을 건넨다는 매력이 있다. 펜실베니아주립대학이 축구 선수들의 품행 문제로 공개적인 스캔들에 휘말렸을 때, 전(前) 수비수 매트 밀런(Matt Millen)은 그 상황을 성경적 맥락 안에 놓고 싶어 했다. "외부인들이 이 문제를 새로운 것으로 생각한다면 난 성경을 말해 주고 싶다. 바로 전도서다. 이전에 없었던 일은 결코 일어나지 않는다."[2]

무엇보다 전도서는 하나님에 대해 의심하면서도 그분에 대해 생각하기를 멈출 수 없는 사람들을 위한 책이다. 이것은 어쩌면 허먼 멜빌(Herman Melville, 『모비딕』[Moby Dick]의 저자)이 반복해서 전도서로 돌아왔던 이유일지 모른다. 어느 문학평론가는 멜빌을 "파티를 떠날 수 없는 마지막 손님"에 비유하면서 "그는 항상 자기 모자와 장갑을 두고 간 건 아닌지 확인하러 돌아오곤 했다"고 말했다.[3] 전도서의 저자도 의심을 품었는데, 그 의심 덕분에 그는 수세기 동안 신자들뿐 아니라 회의론자들과도 소통해 올 수 있었다.

전도서가 시도하지 않는 게 하나 있다. 그건 바로 모든 것에 답하려는 시도다. 어떤 책들도 그렇다. 한계를 인정한다. 18세기의 새뮤얼 존슨(Samuel Johnson) 박사는 기념비적인 사전을 편찬했다. 천재로 일컬어진 그는 사전류의 최고 걸작을 완성하며 영어 안에 있는 거의 모든 단어의 뜻을 규정했지만 단 한 순간도 자기가 모든 답을 안다고 생각하지 않았다. 그 사전의 서문에는 전도서의 메아리가 울렸다. "나는 하나의 질문이 또 하나의 질문을 유발하고 책이 책을 인용하는 것을 보았다. 탐색이 늘 발견으로, 발견이 늘 정보 제공으로 이어지지 않는 것도 보았다. 이렇듯 완벽을 추구하는 것은 … 태양을 좇는 것임을 알았다."[4]

존슨 박사는 넌지시 전도서를 언급하고 있다. 전도서의 저자는 인생의 의미를 찾는 것이 바람을 좇는 것과 같음을 발견했다. 이 절망적인 이미지가 전도서를 이해하는 데 도움을 준다. 전도서는 마치 추리소설처럼 결말에 도달하고 해답을 얻을 때까지 계속해서 읽어 가는 부류의 책이 아니다. 오히려 그 안에서 인생의 문제들과 씨름해 가는 책이다. 그렇게 몸부림치다 보면 **모든 답을 갖지 않을 때조차** 그 질문을 가진 채로 하나님을 신뢰하는 법을 배운다.

이것이 바로 그리스도인의 전(全) 생애가 작동되는 방식이다. 그것은 우리가 최후에 얻는 것에 관한 것일 뿐 아니라 그 과정에서 이루어지는 사람됨에 관한 것이기도 하다. 즉 제자도란 여행의 종착지가 아니라 여정이다.

나는 이 땅의 순례길에서 여러 번 전도서를 읽고 연구했다. 그리고 그 신비를 이해하려는 노력에 대해 매번 풍성하게 보답을 받았다. 처음에는 아버지께 전도서를 배웠다. 아버지는 늘 전도서의 문학적 예술성과 겹겹이 싸인 깊은 영적 의미에 감탄하셨다. 나는 대학과 교회에서 한 번 이상씩 전도서를 가르쳤다. 특히 이번에는 메리 라이큰(Mary Ryken), 리처드 슐츠(Richard Schultz), 댄 트레이에르(Dan Treier)가 내 글이 좋아지도록 지혜롭게 제안해 주었다.

전도서에 관해 (특히 가볍게 건드리기만 한 4-5장과 7-11장에 관해) 더 많이 알고 싶은 독자들은 내가 2010년에 출간한 좀 더 긴 주석을 참고하는 것을 고려해 보아도 좋겠다.

인생의 많은 의문과 씨름하면서 긴 여행의 마지막 날을 기다리는 동안 나는 반복해서 전도서로 돌아가기를 소망한다. 우리는 결국 모든 답을 갖고 계신 하나님께로 귀향하는 그날을 고대하며 살아갈 것이다. 그 여행의 일부를 나와 함께해 주는 당신에게 감사한다.

필립 G. 라이큰

Why Everthing Matters

# 1. 왜 전도서인가?

전도자가 이르되 헛되고 헛되며 헛되고 헛되니 모든 것이 헛되도다
해 아래에서 수고하는 모든 수고가 사람에게 무엇이 유익한가

**전 1:2-3**

사회학자 조나단 코졸(Jonathan Kozol)이 사우스브롱크스(뉴욕시의 5개 자치구 중 하나—역주)에서 워싱턴 부인(Mrs. Washington)을 만났다. 그녀와 어린 아들 데이비드는 이스트 트레몬트 애비뉴에서 가까운 홈리스 호텔 1층에 머물면서 문에 세 개의 강철 잠금 장치를 달고 지냈다.

워싱턴 부인은 죽어 가고 있었다. 코졸이 방문할 때마다 그녀는 눈에 띄게 허약해져 갔다. 그녀는 미국 도시 밑바닥 삶에 대해 이야기해 주었다. 가난과 불의와 폭력과 마약에 관해서였다. 어떤 날은 그 건물에 사는, 날 때부터 에이즈에 걸린 아이들과 버스정류장에서 빗나간 총알에 맞아 불구가 된 열두 살짜리의 이야기를 해 주었다. 본인이 직접 남편에게 당했던 신체적 학대와 가난한 사람들이 도시에서 의료 혜택을 받을 때 겪는 온갖 어려움에 대해서도 말해 주었다.

그 여인과 아들은 영적인 것에 대해서도 말을 꺼냈다. "하나님이 얼마나 전능하신지 의심스러워요." 어느 인터뷰에서 데이비드가 한 말이다. "하나님이 동물과 나무를 만드시고 사람에게 복잡한 기계를 만들 수 있는 뇌와 장기를 주실 만큼 지혜롭고 전능하신 건 틀림없어요. 하지만 이 땅에서 악을 그치고 사람들의 마음을 바꿀 만큼은 아니에

요." 그 다음 방문 때 코졸은 워싱턴 부인의 침대를 내려다보았고, 성경이 그녀 옆 이불 위에 펼쳐진 것을 발견했다. 코졸은 그녀에게 성경 중 어느 부분을 좋아하느냐고 물었다. "전도서요." 그녀가 답했다. "이 시대에 무슨 일이 일어나는지 알고 싶다면 전도서를 읽으면 돼요. 거기 전부 들어 있어요."[1]

### 전도서를 알아야 하는 이유

워싱턴 부인이 브롱크스의 홈리스 호텔에 사는 싱글맘으로서 자신의 고난에 용감히 맞서는 데 도움이 되었다면, 전도서는 어디에 사는 누구에게나 도움이 될 수 있다.

모든 사람이 이 일반화된 주장에 동의하지는 않을 것이다. 전도서가 취하는 인생관이 과장 없이 솔직하기 때문에 어떤 사람들은 전도서의 영적 가치를 의심하기도 하고, 심지어 전도서가 왜 성경에 들어 있어야 하는지 의구심을 갖기도 한다. 고대의 어느 랍비가 전도서를 읽고 이렇게 말했다고 한다. "오 솔로몬이여, 당신의 지혜는 어디에 있소?

당신의 말은 당신의 아버지인 다윗의 말과 모순될 뿐 아니라 그 자체로도 모순되오."[2] 하지만 나는 워싱턴 부인의 말에 동의한다. 이 시대에 무슨 일이 일어나는지 알고 싶다면 (전능하신 창조주께서 왜 처참한 악을 허락하시는지 이해하기 힘들거나 인생의 수많은 모순을 해결하느라 씨름하고 있다면) 전도서를 읽으라. 이 책 안에 전부 들어 있다.

전도서를 공부해야 할 이유는 무척 많다. 이 책 덕분에 우리는 **사람들이 오늘날에도 여전히 궁금해하는 가장 중요하고 난해한 질문들을 던질 수 있다.** 타락한 세상을 사는 인생의 한복판에 그 질문들이 놓인다. 인생의 의미는 무엇일까? 왜 그토록 많은 고통과 불의가 존재할까? 하나님은 과연 신경이나 쓰실까? 삶은 정녕 가치가 있을까? 저자는 사람들이 늘 품고 있는 거친 질문들(지적이면서도 실제적인 질문들)을 던진다. 그리고 보통 아이들이 주일학교에서 얻는 손쉬운 대답에 만족하지 않는다. 사실 저자의 영적 씨름 중 일부는 그에게 늘 주어져 온 대답들과 연관된 것이기도 하다. 당신이 만약 "그래요. 하지만…."이라고 말하는 부류의 사람이라면 전도서야말로 당신을 위한 책이다.

전도서를 공부해야 할 또 다른 이유가 있다. 전도서 덕분에 우리는 **유일하신 참하나님을 예배할 수 있다.** 모든 의심과 불만족에도 불구하고 이 책은 하나님에 관해 수많은 위대한 진리를 가르쳐 준다. 하나님을 전지전능한 창조주, 최고의 주권자, 온 우주의 전능한 통치자, 유일한 지혜의 신으로 제시한다. 그래서 이 책을 읽다 보면 하나님에 관한 지식이 자라날 것이다. 또한 전도서 덕분에 우리는 **우리 자신뿐 아니라 하나님을 위해서 살 수 있다.** 저자는 이 세상 그 누구보다 많은 돈을 가졌고, 쾌락을 즐겼고, 지혜를 소유했지만, 모든 것이 눈물로 끝났다. 동일한 일이 우리에게도 일어날 수 있다. 물론 꼭 그래야 하는 건 아니다. 저자는 끊임없이 우리에게 "왜 당신이 직접 실수를 겪으려는 거요? 나 같은 전문가에게 배울 수 있는데 말이오."[3]라고 말하고 있다. 그러면서 매우 실제적인 돈, 섹스, 권력, 죽음과 같은 일상의 쟁점들로 우리를 돕는다. 구약학자 산드라 리히터(Sandra Richter)는 전도서 저자를 가리켜 모든 것을 가졌으나 '모든 것을 가진 것'이 자신을 망쳤음을 발견한 사람이라고 묘사한다. 우리로선 참 다행스럽게도 그는 "궁극적 성공이라는 황금사다리를 올라가서 낭떠러지 아래를 내려다본 후, 그 끝에서 발길을 돌리고 사다리를 내려와 … 위에는 아무것도 없다고 말해 줄 수 있는 수단을 가졌다."[4]

뿐만 아니라 전도서 덕분에 우리는 **인생의 고난에 대해 솔직할 수 있다.** 아마도 이것이 미국의 위대한 소설가 허먼 멜빌이 전도서를 가리켜 "모든 책 중 가장 진실한 책"[5]이라고 한 이유를 설명해 줄 것이다. 성경의 다른 어떤 책보다도 전도서는 타락한 세상의 부질없음과 좌절을 포착한다. 노동의 고됨, 어리석은 쾌락의 공허함, 지성을 마비시킬 만큼 단조로운 일상이 그것이다. 전도서가 어느 철학자가 월요일 아침에 집필한, 우리가 아는 유일한 성경이라고 생각해 보라. 그 책을 읽은 덕분에 우리는 (심지어 하나님의 선하심을 믿는 이들조차) 우리 문제에 대해 하나님 앞에서 솔직해진다. 그래서 어느 학자는 전도서를 가리켜 신자가 믿음의 앞문으로는 결코 허락하지 않을 슬프고 회의적인 생각을 갖도록 허락하는 "일종의 뒷문"이라고 묘사했다.[6]

## 헛되고 헛되다

전도서는 유명한 반복구로 시작한다. "헛되고 헛되며 헛되고 헛되니 모든 것이 헛되도다"(전 1:2). 이 반복구는 전도서의 첫 구절일 뿐 아니라 마지막 구절이기도 하다(전 12:8 참조). 저자는 우리의 존재를 측정한 뒤 응축된 최상급 표현으로 정녕 헛되다고 선포한다. 그러나 더 깊이 들어가기 전에 '헛되다'라는 단어(다목적 은유로 전도서 메시지의 중심이다)[7]를 정의해야 한다. 문자적으로 히브리어 **헤벨**(hevel)은 캠프파이어에서 올라오는 연기나 추운 아침 뜨거운 날숨에서 나오는 입김과 같은 숨, 혹은 물거품을 가리킨다. 인생도 그렇다. 손에 잡히지 않고, 덧없으며, 불가사의하다. 갑자기 온 것처럼 갑자기 사라진다. 오늘은 여기 있지만 내일은 가고 없다. 이렇듯 성경은 우리의 유한한 존재를 "한 뼘 길이"(시 39:5)와 "잠깐 보이다가 없어지는 안개"(약 4:14)에 빗댄다. 숨을 들이쉬어 보라. 그리고 내쉬라. 인생이 그처럼 순식간에 당신을 지나간다. 오늘뿐 아니라 우리의 모든 날동안, 처음부터 끝까지 그렇다.

그러므로 전도서가 "헛되고 헛되다"고 말하는 건 주로 인생의 덧없음에 대한 논평이다. 일부 주석가들에 의하면 '물거품', 혹은 '연기'라는 단어도 타락한 세상에서 인생 자체가 부질없음을 뜻하는 은유가 된다. NIV 성경이 다음과 같이 표현한 것도 이런 방향을 가리킨다. "부질없다! 부질없다! … 철저히 부질없다! 모든 것이 부질없다."

저자의 주장이 얼마나 광범위한지에 주목하라. "**모든 것**이 부질없다." 즉 "**모든 것**이 헛되다"(전 1:2). 우리의 존재 그 어느 면도(오늘 우리에게 일어날 작은 일 하나도) 부질없음으로 인한 좌절에서 자유로울 수 없다. 피트니스센터에서의 부상으로부터 회의실의 의견 불일치에 이르기까지, 또 은행에서의 난투로부터 친한 친구 사이의 다툼에 이르기까지 우리는 쓸모없고, 의미 없고, 터무니없어 보이는 일들을 매일 만난다.

저자는 자신의 관점을 증명해 보이기 위해 사람들이 흔히 의미를 두거나 만족을 발견하는 것들을 취해서 그것이 얼마나 공허한지 보여 준다. 그리고 돈, 쾌락, 지식, 권력 등 모든 것(모두가 인생의 만족을 위하여 시도하거나 시도하라는 유혹을 받는 것들이다)을 다 시도해 보았기 때문에 경험에서 비롯된 말을 한다.

어떤 사람들은 자기의 지식에서 의미를 발견하려 애쓰지만 전도서는 "지혜가 많으면 번뇌도 많으니 지식을 더하는 자는 근심을 더하느니라"(전 1:18)라고 말한다. '와서 지식을 더하고 근심을 더하라!'라는 문구는 자존심 있는 그 어떤 대학도 입학 안내 판촉물에 넣지 않을 말이다. 하지만 솔직히 인생에서 **알고 싶지 않았던 것들**이 있지 않은가?

어떤 사람들은 돈으로 살 수 있는 온갖 쾌락에서 만족을 발견하려 애쓴다. 전도서의 저자는 완벽한 실험을 할 수 있을 만큼 부자였지만 결국 "내 손으로 한 모든 일과 내가 수고한 모든 것 … 해 아래에서 무익한 것이로다"(전 2:11)라고 결론지었다. 그래서 그는 의미 있는 무언가를 하기 위해 일에 탐닉했다. 그러나 그것 역시 번뇌로 판명되었다. 그가 투자한 것에 비해 되돌아오는 수익이 변변찮았기 때문이다. 나는 과연 당신이 인생의 마지막이나 올해의 마지막에 이르렀을 때, 고된 수고의 대가로 무슨 결과물을 얻게 될 것인지 궁금하다.

지성인의 인생조차 자신의 절망적인 영혼을 구할 수 없었다. 후에 그는 좌절한 철학자의 증언을 전한다.

"내가 마음을 다하여 지혜를 알고자 하며 세상에서 행해지는 일을 보았는데 밤낮으로 자지 못하는 자도 있도다. 또 내가 하나님의 모든 행사를 살펴보니 해 아래에서 행해지는 일을 사람이 능히 알아낼 수 없도다. 사람이 아무리 애써 알아보려고 할지라도 능히 알지 못하나니 비록 지혜자가 아노라 할지라도 능히 알아내지 못하리로다"(전 8:16-17). "많은 책들을 짓는 것은 끝이 없고 많이 공부하는 것은 몸을 피곤하게 하느니라"(전 12:12).

이 진술의 진위를 의심한다면 가까운 학자에게 물어보라. 그러면 그가 진실을 말해 줄 것이다. "헛되고 헛되며 헛되고 헛되니 모든 것이 헛되도다!"

## 해 아래 새것이 없다

전도서의 도입부에 놓인 질문과 그에 대한 답으로 제공된 시 한 편은 우리로 하여금 전도서에 대한 뛰어난 감각과 전도서가 인생을 대하는 태도를 이해하게 하는 시작점이다. 다음은 그 질문이다.

해 아래에서 수고하는 모든 수고가 사람에게 무엇이 유익한가?

그리고 다음은 그에 대한 답이다.

한 세대는 가고 한 세대는 오되 땅은 영원히 있도다.
해는 뜨고 해는 지되 그 떴던 곳으로 빨리 돌아가고
바람은 남으로 불다가 북으로 돌아가며
이리 돌며 저리 돌아 바람은 그 불던 곳으로 돌아가고
모든 강물은 다 바다로 흐르되 바다를 채우지 못하며
강물은 어느 곳으로 흐르든지 그리로 연하여 흐르느니라.
모든 만물이 피곤하다는 것을 사람이 말로 다 말할 수는 없나니
눈은 보아도 족함이 없고 귀는 들어도 가득 차지 아니하도다.
이미 있던 것이 후에 다시 있겠고 이미 한 일을 후에 다시 할지라.
해 아래에는 새것이 없나니 무엇을 가리켜 이르기를
보라 이것이 새것이라 할 것이 있으랴.
우리가 있기 오래 전 세대들에도 이미 있었느니라.
이전 세대들이 기억됨이 없으니
장래 세대도 그 후 세대들과 함께 기억됨이 없으리라(전 1:3-11).

이 시에 적합한 제목은 '여전(如前)하다'가 아닐까 싶다. 저자는 우리의 피곤한 생존이 얼마나 힘겹고 덧없는 것인지 주장하면서 자신이 왜 성가시게 신경 써야 하는지 의아해하고 있다. 4-7절에서는 자연(땅, 해, 바람, 강물)을 보며 어디에서도 진정한 변화를 찾지 못한다. 세대가 오고 가지만 땅은 움직임이 없다. 지겨운 단조로움 속에서 해가 뜨고 지고, 뜨고 지며, 뜨고 진다. 바람은 원을 그리며 돌고 돈다. 강물은 끊임없이 바다로 흐른다. 과거와 현재가 똑같다.

휘튼대학 캠퍼스에서도 동일한 반복을 목격한다. 해마다 8월은 어김없이 돌아오고 우리는 또 한 번의 졸업예배를 드린다. 1학년에게는 새롭겠지만 어떤 교직원들은 휘튼대학에서 근무하는 동안 무려 30-40번이나 새 학년을 맞이하고, 대학 차원으로는 150년 이상 개강예배를 드려 왔다. 해 아래에는 새것이 없다. 말 그대로 여전하다. 프랑스 속담으로 표현하면 "많은 것이 변할수록 더욱 여전하다."[8] 전도서의 저자는 이런 일에 대해 생각하는 것을 피곤해한다. CEV(Contemporary English Version) 성경은 전도서 1장 8절을 다음과 같이 번역한다. "인생 만사는 말로 표현할 수 있는 것보다 훨씬 지루하다."

그런데도 왜 성가시게 신경 쓰는가? 그것이 정녕 문제다. 왜 '존재의 쳇바퀴' 위를 계속해서 달리는가?[9] 전도서 1장 8-11절을 보면 저자는 자연세계에서 인간의 경험으로 넘어와 자연에서 보던 것과 똑같은 것을 본다. 진정한 이득이나 진보가 없는데도 같은 일이 계속 반복되는 것이다. 해와 바람과 강물이 자기의 끊임없는 움직임을 증명하기 위해 보여 줄 수 있는 것이 아무것도 없다면, 그렇다면 인생에서 무언가를 성취하는 것에 대해 우리가 어떤 소망을 품겠는가? 핑크 플로이드(Pink Floyd, 철학적인 가사와 실험적인 음악, 특수 장치를 활용한 라이브 등으로 유명한 영국의 록밴드-역주)의 앨범 '달의 어두운 면'(The Dark Side of the Moon)에 수록된 노래 중 하나는 마치 전도서를 이야기하는 것 같다.

너는 태양을 잡으려고 달리고 또 달리지만,
태양은 지고 한 바퀴를 돌아 다시 네 뒤에 나타난다.

상대적으로 태양은 여전하지만,
너는 점점 늙어 가고 숨은 가빠지고 어느 날 죽음에 다다른다.[10]

스티븐 크레인(Stephen Crane)의 짧은 시에서도 전도서 1장의 메시지가 포착된다.

지평선을 쫓아가는 한 남자를 보았네.
그 둘은 쫓고 쫓기며 속력을 냈지.
그걸 보고 불안해진 나는 그 남자에게 다가가 말을 걸었네.
"부질없어요. 당신은 결코 잡을 수 없어요."
"거짓말이야!" 그는 울부짖었네.
그리고 계속 달려갔다네.[11]

어떤 사람들은 보고 듣는 것으로 자기 감각을 채움으로써 인생의 단조로움과 부질없음에서 벗어나려 한다. 오늘날 우리는 끝없이 이어지는 시각적 이미지(유튜브, 인스타그램, 넷플릭스)를 보고 쉴 새 없이 쏟아지는 소리(판도라, 그루브샤크)를 듣지만 결코 만족하지 못한다. 봐야 할 쇼, 해야 할 게임, 들어야 할 노래가 늘 한 개씩 더 있다. 전도서의 말이 여전히 진리다. "눈은 보아도 족함이 없고 귀는 들어도 가득 차지 아니하도다"(전 1:8). 우리의 욕구엔 만족이 없다. 전에 봤지만 더 보기를 원한다. 하지만 그렇게 해서 우리는 대체 무엇을 얻을까? 인생에서 영적으로, 혹은 다른 면에서 무슨 진보를 이루어 낼까?

더 큰 규모의 인간사에서도 우리는 동일한 것을 경험한다. "이미 있던 것이 후에 다시 있겠고 이미 한 일을 후에 다시 할지라. 해 아래에는 새것이 없나니"(전 1:9). 역사철학 관점에서 '쳇바퀴 위의 인류'는 어떤가? 미래 세대도 똑같은 곤경을 겪을 것이다. 필립 라킨(Philip Larkin)이 어느 황량한 시에서 이렇게 썼다.

> 인간이 인간에게 불행을 넘겨 준다.
> 해변의 조개껍질처럼 점점 더 깊어진다.
> 할 수 있는 한 빨리 탈출하라.
> 그리고 결코 네 자녀를 갖지 말라.[12]

전도서의 저자가 너무도 강하게 미래의 부질없음을 주장하기 때문에 우리는 반대 사례를 생각하고 싶은 유혹을 받는다. 틀림없이 해 아래 새것이 적어도 한 개는 있을 텐데. 저자도 잠시나마 그 가능성을 염두에 두고 질문을 던진다. "무엇을 가리켜 이르기를 보라, 이것이 새것이라 할 것이 있으랴." 하지만 재빨리 부인한다. **새것처럼 보이는** 것 역시 "우리가 있기 오래전 세대들에도 이미 있었느니라"(전 1:10).

소위 **신세계**의 발견을 생각해 보라. '1492년 콜럼버스는 푸른 대해를 항해했다.' 맞는가? 하지만 콜럼버스가 북아메리카에 발을 디딘 첫 유럽인은 아니었다. 그 당시 이미 바스크(피레네 산맥 서부의 프랑스와 에스파냐에 걸쳐 있는 지방–역주)의 어부들이 대서양을 건너 뉴펀들랜드 해변 근처에서 대구잡이를 하고 있었다. 당연히 그들은 아무에게도 그 사실을 말하지 않았다. 그 누가 비밀 영업 장소를 발설하겠는가! 영국 브리스톨의 상인들은 보다 강경하게 의견을 피력했다. 그들은 콜럼버스가 의기양양하게 귀환한 후 그에게 편지를 써서 바스크의 어부들이 먼저 아메리카에 갔다는 사실을 매우 잘 알고 있다며 불만을 표시했다.[13] 그러나 5백 년이나 먼저 신세계에 닿았던 리프 에릭슨(Leif Ericson)과 노르웨이 탐험가들에 대해서는 아무 말도 하지 않았다!

많은 것이 변할수록 더욱 여전하다. 해 아래 새것이 있는 것처럼 보인다면, 그건 단지 이전에 일어난 일을 잊어버렸기 때문이다. 언젠가 사람들은 그런 식으로 우리를 잊을 것이다. 그때는 버려진 앨범 속 빛바랜 사진이나 사이버 공간의 잊혀진 공간 속 디지털 이미지 외에는 우리에 관해 남겨진 게 없을 것이다.

## 만물을 새롭게 하는 분

"헛되고 헛되니 모든 것이 헛되도다!" 그런데도 왜 계속해서 신경 쓰는가? 이것은 전도서가 우리에게 던지는 질문이다. 전도서의 철학에 공감하기 시작했다면 이제 이 책의 목적을 이해해야 한다. 데릭 키드너(Derek Kidner)는 "전도서의 목적은 모든 것이 헛되다는 것만이 유일하게 정직한 논평이라는 사실에 두려움을 느끼기 시작하여 어떤 것도 부질없고 아무것도 중요하지 않다는 오싹한 결론으로 우리를 데려가는 것"이라고 했다.[14] 그러나 이것은 우리가 '해 아래' 상황만을 본다고 **가정할 때의 관점**일 뿐 인생을 정직하게 보는 유일한 관점은 아니다.

전도서 1장 3절과 9절 및 전도서에 자주 등장하는 이 어구는 이 책을 이해하는 열쇠 중 하나다. '해 아래'는 우리 문제의 경계를 표현한다. 인생의 부질없음과 좌절을 어디에서 경험하는가? 해가 빛나는 모든 곳에서다. 그러나 한편으로는 이 어구가 다른 관점의 가능성을 열어 주기도 한다. 상황을 '해 아래'에서 본다는 것은 땅의 눈높이로 본다는 것이다. 세속의 관점을 취하는 반면 하나님을 그림 밖에 두는 것이다. 그것이 우리가 할 수 있는 전부라면 소설가 헨리 밀러(Henry Miller)의 "인생에는 의미가 주어져야 한다. 인생은 아무 의미가 없다는 명백한 사실 때문이다."라는 말과 동일한 결론에 도달할 수밖에 없다.[15] 그러나 이것은 올바른 세계관이 아니다. 해 **위에서** 다스리시는 하나님이 계시다. 그러므로 우리는 지구에 제한되지 않는다. 태양계를 벗어날 수 있고 우주적 관점에서 볼 수 있다.

전도서는 우리에게 그렇게 하라고 간청한다. 세상에 속한 것들이 아닌 오직 위에 계신 하나님 안에서만 의미와 만족을 발견하도록 우리의 경험이 얼마나 지루한 것인지 보여 준다. 돈, 섹스, 권력, 성취, 그 어떤 것도 우리를 만족시키지 못한다. 오직 하나님만이 하신다. 이 말은 우리가 하나님을 믿으면 해 아래에서 인생의 덧없음을 느끼지 않는다는 뜻이 아니다. 반드시 느낀다. 하지만 전도서는 우리에게 인생의 기쁨과 의미를 가져다 주는 '해 위'의 관점이 필요함을 보여 준다. 어거스틴(Augustine)에 의하면 저자는 "적절하다고 판단한 수준만큼 강하게 인생의 공허함을 제시하고자" 전도서를 썼다. "확신컨대 그 궁극의 목적은 해 아래의 비본질적인 그림자가 아니라 해의 창조주 아래의 본질적인 실체로서의 인생을 갈망하게 만들기 위함이다."[16]

이런 하늘의 관점을 얻는 한 가지 방법은 인생을 그토록 지루하게 만드는 모든 것을 치우고 하나님을 그림 안에 올려놓았을 때 무슨 변화가 생기는지 보는 것이다. 전도서는 자연세계에서 아무런 진보를 발견하지 못한다. 하지만 시편 기자는 동일한 옛 태양을 보며 "해는 그의 신방에서 나오는 신랑과 같고 그의 길을 달리기 기뻐하는 장사 같아서"(시 19:5)라고 말한다. 해가 진보를 만들어 내든 그렇지 않든, 해는 창조주의 기쁨과 힘을 여실히 증언하고 있다. 그러므로 "해 돋는 데에서부터 해 지는 데에까지 여호와의 이름이 찬양을 받으심"이 마땅하다(시 113:3 참조).

자연에서 발견하는 그 반복이 하나님의 선하심을 증언하고 창조주의 한결같으심을 보여 준다. 바람이 그분의 말씀 따라 불고 강물이 그분의 명령대로 흐르면서 온 피조물을 축복한다. 성경은 하나님이 "물에 자기 누각의 들보를 얹으시며 구름으로 자기 수레를 삼으시고 바람 날개로 다니시며"(시 104:3)라고 말한다. "그가 물방울을 가늘게 하시며 빗방울이 증발하여 안개가 되게 하시도다. 그것이 구름에서 내려 많은 사람에게 쏟아지느니라"(욥 36:27-28). 허구한 나날의 반복을 우리는 전도서의 관점대로 보는 대신 미국의 흑인 과학자 조지 워싱턴 카버(George Washington Carver)처럼 증언할 수 있다. "나는 자연을 제한 없는 방송국으로 생각하길 좋아한다. 우리가 주파수를 맞추고 그것을 계속 유지하면 자연은 하나님께서 인생의 매일, 매시간, 매 순간 우리에게 말씀하시는 수단이 된다."[17]

태양 위를 바라보는 것 역시 인간의 경험에 다른 관점을 준다. 새것이 있는가? 아마도 해 아래에는 없겠지만 해를 다스리시는 하나님께서, 특히 예수 그리스도(통치하시되 통치받지 않으시는 분이다) 안에서 언제나 새 일을 행하고 계시다.[18] 하나님은 우리를 위하여 예수 그리스도의 피로 **새 언약**을 세우셨다(눅 22:20). 그 피는 우리의 모든 죄를 용서하기 위해 십자가 위에서 흘리신 보혈이다. "왜 성가시게 신경 쓰는가?" 묻는다면 그 답은 "우리에게 구주가 계시다"는 것이다. 그분은 이 타락한 세상에서 우리가 겪는 모든 부질없음과 좌절을 보셨고, 이에 대해 실제적인 조치를 취하시고자 우리와 함께 고통당하기로 선택하셨다.

그리고 **새 생명**이 있다. 예수님이 영원한 구원의 능력으로 죽은 자 가운데서 부활하셨을 때 빈 무덤에서 나타난 새 생명이다. **새 마음**도 있다. 하나님은 예수님을 믿는 모든 사람에게 새 마음을 주신다(겔 36:26). **새로운 피조물**도 있다. 성령님이 우리의 지성과 감정에 들어오실 때 새로운 피조물이 된다(고후 5:17). 이와 같이 우리가 우리의 인생을 예수 그리스도께 드리면 다시는 똑같은 과거, 똑같은 현재가 없다. 살아계신 하나님께서 우주의 왕좌에 좌정하시어 말씀하신다. "보라, 내가 만물을 새롭게 하노라"(계 21:5).

언젠가 이 위대하신 하나님께서 새 하늘과 새 땅을 만드실 것이다. 인생의 좌절은 결코 영원히 지속되지 않는다. 우리는 새날에 대한 소망으로 산다. 그날엔 안개와 같은 이생이 사라지고 구주의 영광의 빛 가운데 영원의 동이 틀 것이다. 전도서의 어느 주석에서 디디무스(Didymus the Blind)는 다음과 같이 설명했다. "'공의로운 해'에 각성된 사람은 해 '아래' 있지 않고 해 '안에' 있다. 그래서 복음서는 이렇게 기록한다. '그때에 의인들은 자기 아버지 나라에서 해와 같이 빛나리라'(마 13:43). 해 '아래'가 아니다."[19]

전도서의 거의 모든 구절은 만물을 새롭게 하기 위해 우리에게 얼마나 구주가 필요한지 보여 준다. 존 웨슬리(John Wesley)는 이 위대한 책을 설교하면서 당시의 기분을 일기장에 다음과 같이 묘사했다. "전도서 강해 설교를 시작했다. 그 의미나 아름다움을 바라보는 시야가 지금처럼 선명했던 적이 없다. 특히 그중 서너 곳은 그토록 정교하게 연결되어 있는 줄 상상도 못했다. 모두가 하나님 밖에는 행복이 없다는 위대한 진리를 증명한다."[20]

깨지고 부서지고 안 풀리는 온갖 인생사로 인해 좌절하고 슬퍼하고 분노하고 실망할 때마다 다음을 기억하라. 왜 성가시게 (일을, 인간관계를, 신앙을) 신경 써야 하는지 의심하고 싶은 유혹이 찾아오고 주눅이 들 때마다 다음을 기억하라. 당신은 더 나은 새로운 세상을 위해 창조되었다. 이런 인생을 지루해한다는 사실 자체가 당신의 영혼을 만족시킬 수 있는 유일한 분이신 예수 그리스도께로 향하게 한다.

Why Everthing Matters

# 2. 궁극적인 탐색

나 전도자는 예루살렘에서 이스라엘 왕이 되어
마음을 다하며 지혜를 써서 하늘 아래에서 행하는 모든 일을 연구하며 살핀즉

**전 1:12-13**

더글러스 애덤스(Douglas Adams)는 『은하수를 여행하는 히치하이커를 위한 안내서』(The Hitchhiker's Guide to the Galaxy)에서 '깊은 생각'(Deep Thought)에 관해 쓴다. '깊은 생각'은 '인생, 우주 등 모든 것에 대한 답'을 결정하는 강력한 슈퍼컴이다. 그 계산을 확인하고 재확인하는 데 750만 년이라는 긴 시간이 소요되고, 결국 단순명료한 답을 뱉어낸다. 그것은 바로 인생의 의미가 42라는 것이다.

"42!" 누군가 컴퓨터에 대고 소리쳤다. "750만 년이나 일하고 보여줄 게 고작 저것뿐이야?"

"나는 매우 주의 깊게 확인했습니다." '깊은 생각'이 답한다. "분명 이것이 답입니다. 솔직히 말하면 당신이 실제적인 질문이 뭔지 전혀 몰랐다는 사실이 문제라고 생각합니다."[1]

모든 사람이 마음 속 깊이 인생의 의미를 알고 싶어 한다. 그러나 올바른 답을 얻기 위해서는 올바른 방법으로 올바른 질문을 던져야 한다. 인생과 우주와 만사에 대한 참되고 정확한 이해에 도달하는 것, 그것이 전도서에서 해야 할 우리의 탐색이다. 다행히 750만 년보다는 적게 들 것이다!

## 코헬렛에 대하여

이 여행의 안내자는 **코헬렛**(Qoheleth), 즉 '전도자'로 불린다. 더 깊이 들어가기 전에 이 사람의 정체를 분명히 하는 것이 중요하다. 코헬렛이라는 단어의 히브리어 어근은 '모으다', 혹은 '모이다'를 뜻한다. 일부 학자들은 이것을 저자가 지혜의 말들을 수집한 방식에 대한 언급으로 받아들인다. 하지만 구약에서 이 단어의 동사적 형태는 전형적으로 '특별히 하나님을 예배하려는 목적으로 백성 공동체를 모으다.'라는 의미다. 그러므로 코헬렛을 하나님의 백성에게 지혜를 말하는 전도자나 교사로 생각하자.

이런 배경은 전도서의 영어 제목에도 반영되어 있다. 'Ecclesiastes'는 히브리어가 아닌 헬라어에서 비롯되었으며, 신약에서 일반적으로 '교회'라 일컫는 **에클레시아**(ekklesia)의 어형이다. 문자적으로 'Ecclesiastes'는 '회중에게 말하는 사람', 즉 '전도자'를 뜻한다.[2] 이 전도자의 정체를 더 심도 있게 밝혀 보면 "다윗의 아들 예루살렘 왕"(전 1:1)이다.

자연스럽게 우리는 솔로몬 왕을 떠올린다. 그는 다윗의 아들 중 유일하게 예루살렘에서 아버지의 뒤를 이어 통치한 왕이다. 게다가 코헬렛이 우리에게 자기의 인생 경험에 대해 말해 준 많은 내용이 솔로몬인 것처럼 들린다. 달리 누가 "내가 크게 되고 지혜를 더 많이 얻었으므로 나보다 먼저 예루살렘에 있던 모든 사람들보다 낫다"(전 1:16)고 말할 수 있겠는가.

저자는 자기가 지은 집, 자기가 가꾼 정원, 자기가 품은 여인들을 묘사한다. 때문에 우리는 거듭해서 솔로몬 왕의 권세와 호화로운 삶을 떠올린다. 책의 말미에서는 저자가 "깊이 생각하고 연구하여 잠언을 많이 지었으며"(전 12:9)라고 묘사되는데, 이것 역시 솔로몬인 것처럼 들린다.

코헬렛이라는 이름도 딱 맞다. 왜냐하면 솔로몬이 예루살렘에서 성전을 봉헌할 때 자기 백성들을 모으고 그들이 하나님을 예배하도록 인도했기 때문이다. 성경은 그 큰 회중을 묘사할 때 반복적으로 전도서가 저자의 이름으로 사용하는 단어(코헬렛)와 같은 어근의 단어를 사용한다(왕상 8:1 참고).

그러므로 교회는 오래도록 솔로몬을 전도서의 설교자로 인식해 왔다. 이런 관점에 의하면 그 지혜로운 왕은 하나님을 떠나 비극적인 죄에 빠진 후 자신의 악한 길을 회개하고 다시 하나님께 돌아왔다. 전도서는 그의 비망록이나 최후 진술서이고, 거기에서 그는 하나님 없이 살려는 절망적인 시도로부터 깨달은 바를 우리에게 말해 준다.

최근 일부 학자들이 솔로몬을 전도서의 저자로 인식하던 것에서 벗어나고 있다. 그들은 저자의 이름이 한 번도 언급되지 않았음(잠언에 언급된 방식대로)을 지적한다. 만약 솔로몬이 이 책을 썼다면 왜 즉시 밝히지 않는가?[3] 도입부의 구절이 이 책을 그 유명한 왕과 연결시키기는 하지만 명확하게 그를 저자로 밝히지는 않는다. 게다가 전도자는 솔로몬이 말했다고는 상상하기 어려운 것(예를 들면 부유한 왕들이 빈민을 학대하는 것을 비판한다[전 5:8])을 말한다.

때문에 일부 학자들은 전도서가 솔로몬 시대 이후에 쓰였다고 믿는다. 이스라엘의 바벨론 포로기, 심지어 그 이후도 가능성이 있다. 학자들의 지적에 따르면 고대에는 허구적인 자서전을 쓰는 것이 일반적이었는데, 누군가를 속이기 위해서가 아니라 메시지를 전달하기 위해 저자가 유명한 인물의 가면을 쓰곤 했다. 어쩌면 전도서도 그런 종류의 책일지 모른다. 허구적인 왕의 자서전 말이다.

두 번째는 솔로몬이 이스라엘의 유명한 왕의 인생을 이용하여 자신의 인생철학을 설명하는 것이다. 가장 지혜롭고 가장 부유했던 역사 속 인물보다 하나님 없는 인생의 공허함을 더 잘 보여 줄 사람이 누구겠는가?

사실상 저자는 우리에게 큰 주제부터 작은 주제에 이르기까지 광범위한 문학적 주제를 던진다. (말하자면) 그는 한 사람, 즉 누구나 바라던 모든 것을 소유했던 한 사람을 대신하고 있는 것이다. 하지만 세상은 만족스럽지 않다. 그리고 세상이 솔로몬을 만족시킬 수 없었다면 그 누구도 만족시킬 수 없다.

이 모든 것을 고려할 때 나는 리처드 슐츠의 결론에 동의한다. 그는 꼭 그래야 하는 경우가 아니라면 솔로몬이 직접 그 책을 썼을 가능성을 인정하고 솔로몬의 관점으로 전도서를 읽으라고 권한다.[4]

## 구도자의 질문

저자 소개(전 1:1)와 주제 진술(전 1:2)이 끝난 후, 전도서는 세상이 "분주하기가 한이 없고 절망스럽게도 결론이 나지 않는다"[5]는 사실을 증명하기 위해 자연과 인간 경험에서 일련의 사례(전 1:3-11)를 제시한다. 이 구절들은 전도자를 3인칭으로 언급하는 사람(아마도 책의 최종 편집자일 것이다)에게서 온다.

전도서 1장 12절부터 코헬렛은 자기 의견을 피력하면서 우리를 영적이고 지적인 탐색으로 초대한다. "나 전도자는 예루살렘에서 이스라엘 왕이 되어 마음을 다하며 지혜를 써서 하늘 아래에서 행하는 모든 일을 연구하며 살핀즉…"(전 1:12-13).

전도서는 "사색하는 자의 책"[6]이다. 저자는 늘 본질적인 질문을 던지는 구도자였다. 그리고 나이와 경험에서 유리한 입장이었다. 인생의 의미를 이해하기 위해 평생을 탐색하며 배운 바를 우리에게 말해 준다.

관심과 열정에 대한 묘사는 솔로몬 왕에 대한 지식과 일치한다. 다윗의 아들이 왕이 되었을 때 하나님은 그에게 일생일대의 기회를 주셨다. 그는 바라는 건 무엇이든 청할 수 있었다. 현명하게도 솔로몬은 지혜를 선택했다. 하나님은 그 요청이 너무나 기쁘신 나머지 "내가 네

말대로 하여 네게 지혜롭고 총명한 마음을 주노니 네 앞에도 너와 같은 자가 없었거니와 네 뒤에도 너와 같은 자가 일어남이 없으리라"(왕상 3:12)고 말씀하셨다.

하지만 이 소중한 은사가 왕이 즉각적으로 모든 것을 이해했다는 뜻은 아니었다. 그는 여전히 지식을 좇는 데 전념해야 했고, 실제로 그렇게 했다.

솔로몬의 탐색은 **신실했다.** 그는 진리를 알아가는 일에 마음과 영혼을 바쳤다.

또한 그의 탐색은 **광범위했다.** 전도서 1장 13절에 사용된 '연구하다'와 '살피다'라는 단어는 그가 얼마나 진지했는지 보여 준다.[7] 솔로몬은 하나도 남김없이 전부를 받아들이기 원했다. 그 결과 그의 인생론은 무엇보다도 확실하다. 그는 인간의 열정이 들어가는 모든 영역("하늘 아래에서 행하는 모든 일"[전 1:13])을 조사하기 원했다.

뿐만 아니라 그의 탐색은 **훌륭했다.** 전도자는 쾌락을 추구하거나 인기를 구하거나 개인적 업적에서 의미를 찾기보다 지성적인 삶을 추구했다. 솔로몬에게 만일 학문의 선택권이 주어진다면 인문과학대학에서 철학을 전공했을 것이다.

하지만 그가 추구했던 지혜는 하나님의 지혜가 아니라 인간의 지혜였다는 사실을 알아야 한다. 그것은 인간이 생각했거나 말한 것 중 최고의 지혜였다. 이 지혜는 사람이 하나님으로부터의 특별계시 없이 세상에 관해 배울 수 있는 것을 가리킨다. 물론 이것도 그 자체로 가치 있는 추구다.

모든 진리는 그것이 어디에서 발견되든 하나님의 진리다. 하나님께서 세상과 그 안의 만물을 창조하셨기 때문에 우리가 발견하는 모든 진리는 하나님의 선물이다. "대저 여호와는 지혜를 주시며 지식과 명철을 그 입에서 내심이며"(잠 2:6).

하지만 '인간의 지혜가 우리를 어디까지 데려갈 것인가?' '정보가 변화를 가져올 것인가?' '그것이 우리를 영생으로 인도할 수 있는가?' 등의 질문은 여전히 생각해 보아야 한다.

### 우리 삶에 일어나는 나쁜 일들

그런 질문에 답하는 한 가지 방법은 코헬렛이 탐색한 결과물을 보는 것이다. 그가 무엇을 발견했는가? 현실은 그가 빈손으로 나타났다는 것이다. 그에게 인생의 의미는 '42'라는 결론을 얻는 것보다 조금도 나을 게 없었다.

전도서 1장 13-15절은 우주를 이해하려는 저자의 괴로운 노력을 요약한다. 그의 기분은 분명 우울하다. "이는 괴로운 것이니 하나님이 인생들에게 주사 수고하게 하신 것이라"(전 1:13). 조만간 사람들은 똑같이 느끼게 될 것이다. 인생의 많은 일들이 우리를 괴롭게 만든다. 부모의 틀어진 관계, 우리에 관한 냉혹한 평가, 갖지 못했지만 갖고 싶은 물건, 받아 마땅함에도 결코 못 받는 인정, 심지어 일상의 평범한 좌절까지도 우리에게 괴로움을 줄 수 있다.

전도자가 말한 "괴로운 것"(혹은 "악한 것")은 어쩌면 사람이 하는 일(인간의 활동)을 언급하는 것인지 모른다. 만약 그렇다면 그의 말은 분명 참이다.

우리의 첫 부모의 범죄 이후 일은 저주를 받았다. 블룸즈버리그룹(20세기 초 버지니아 울프, 레너드 울프, 버트런드 러셀 등 블룸즈버리에 모여 살던 문인과 지식인들의 모임-역주)을 세운 출판업자요 정치이론가이며 버지니아 울프(Virginia Woolf)의 남편이기도 한 레너드 울프(Leonard Woolf)는 자기가 평생 한 일에 대해 이렇게 말했다.

> 나는 내가 실제적으로 아무것도 이룬 게 없다는 걸 분명히 안다. 요즘 세상과 최근 5-7년간의 인간 개미탑의 역사는 우리가 위원회에 참석하거나 책과 비망록을 쓰는 대신 계속 탁구를 쳐 왔다 해도 지금과 완벽하게 똑같았을 것이다. 그래서 나는 긴 인생에서 15-20만 시간 동안 전혀 쓸모없는 일에 악착같이 매달려온 것이 틀림없다고 꽤나 불명예스런 고백을 해야만 하겠다.[8]

레너드 울프는 문학, 정치, 경제에 관한 책을 스무 권 이상 썼다. 그럼에도 그 모든 게 결국 완벽한 시간 낭비처럼 보였다. 우리가 자신의 온갖 고된 일에 대해 생각해 볼 때도 그와 똑같이 느끼고 싶은 유혹이 있다. 한마디로 인생은 '괴로운 것'이라는 사실이다.

하지만 이 구절을 다른 식으로 받아들일 수도 있다. 코헬렛이 염두에 둔 '괴로운 것'이란 어쩌면 인생의 의미를 이해하기 위한 탐색 그 자체일지도 모른다.[9]

지식의 추구 자체는 매우 시원찮은 사업으로 판명되었다. 더 오래 답을 찾을수록, 더 열심히 인생의 의미를 이해하려 할수록 그는 대답할 수 없는 인생의 질문들과 헤아릴 수 없는 수수께끼들로 더욱 좌절하게 되었다.

인생을 이해하려는 노력에 대해 우리가 어떻게 느끼는지 생각해 보는 것은 가치가 있다. 그 중요한 문제와 씨름하던 사람들은 언젠가 낙심하고 우울해질 것이다. 그게 정상이다.

휘튼대학의 초대 총장인 조나단 블랑차드(Jonathan Blanchard)에게도 그런 일이 일어났다. 그는 훗날 노예제도에 반대하는 싸움에서 전국 지도자가 되었다. 하지만 기독교대학의 인문계 학생으로서 영적 침체를 겪었다. 달리 말하면 블랑차드는 "하나님의 신비를 우리 이성에 굴복시키지" 말라는 르네상스 과학자 프랜시스 베이컨(Francis Bacon)의 조언에 주의를 기울이지 못했다.[10] 그러나 결국 그는 그 이유를 이해했다. 인생의 의미를 찾아감에 있어서 그는 "이성적 겸손보다 일종의 철학적 호기심으로 진리를 바라보는 습관"을 획득했던 것이다.[11]

지식을 탐색하는 것은 하나님께서 우리에게 주신 과업이다. 사람이 하나님의 형상대로 지음받았기 때문에 우리는 궁극적인 질문들을 던질 수밖에 없다. 하나님의 존재를 부인하는 사람들조차 자기 존재의 의미를 찾고 또 찾는다. 무례한 코미디언 루이스 C. K.(Louis C. K)가 텔레비전 인터뷰에서 한 말을 곱씹어 보라. 그는 자기가 왜 휴대폰을 싫어하는지에 대해 말하고 있었고, 웃기려 애썼지만 실상은 속마음을 털어놓고 있었다.

당신 인생 모든 것의 저변에 그 물건(휴대폰을 가리킨다-역주)이 있어요. 공허한, 영원히 공허한 그거요. … 그것이 아무짝에도 쓸모없고 당신은 혼자라는 깨달음. 바로 그 깨달음이 저 깊숙이 있잖아요. 그런데 가끔 물건들이 말끔히 치워질 때가 있어요. 당신은 아무것도 보지 않으면서 차 안에 있죠. 그리고 곧 출발합니다. "오, 안 돼. 저기 오잖아! 내가 혼자라는 사실 말이야!" 알다시피 그 슬픔이 당신을 찾아오기 시작하죠. 인생은 소름 끼칠 만큼 슬퍼요. 그 안에 있다는 것만으로 말이에요.[12]

## 바람을 잡으려는 허망함

코헬렛도 동일한 공허를 경험했다. 안 가본 데 없이 모든 것을 다 돌아본 그는 다음과 같은 결론에 도달했다. "내가 해 아래에서 행하는 모든 일을 보았노라. 보라, 모두 다 헛되어 바람을 잡으려는 것이로다"(전 1:14).

우리는 다시 전도자가 즐겨 쓰는 어구를 만난다. 그는 "해 아래"를 살피고, 세속의 관점으로 사람들이 행하는 일을 보고 있다. "헛되다." 곧 '물거품'이라는 단어를 반복한다.

그리고 그의 인생철학을 요약하는 또 다른 은유를 소개한다. 해 아래의 인생은 "바람을 잡으려는 것"이라고 말이다. "잡으려는"(히브리어로 레우트[re'ut])이라는 단어를 제대로 번역하기란 쉽지 않다. '쫓아가다'를 의미하지만 '목양하다'에 더 가깝다. 하지만 이 행동 중 어떤 것도 바람을 잡을 가망은 없다!

자신의 존재를 이해하려는 인간의 모든 노력도 마찬가지다. 전도자가 개인적인 경험을 토대로 관찰해 온 바에 따르면 인생의 의미를 알아내는 일은 손으로 바람을 잡으려는 것과 같았다.

많은 지성인이 동일한 결론에 도달했다. 악명 높은 무신론자인 리처드 도킨스(Richard Dawkins)도 그렇다. 그는 인간이 "선하지도 악하지도 않다. 온화하지도 잔인하지도 않다. 그저 무정할 뿐이다. 모든 고통에 대해 무관심하고, 모든 목적이 결여되어 있다"고 말했다.[13]

루이스 C. K.가 인간 존재 의미에 대해 뭐라고 답했는지 생각해 보라. "당신은 그저 당신의 생산물에 만족감을 느낄 뿐이다. 그런 다음 죽는다."[14]

전도자는 자신의 괴로운 탐색 1단계를 잠언으로 마무리했다. "구부러진 것도 곧게 할 수 없고 모자란 것도 셀 수 없도다"(전 1:15).

삶의 어떤 것은 구부러져 있다. 범죄를 저지른다거나 부도덕하다는 의미가 아니라 모양이 구부러졌다는 거다. 그래서 똑바로 만들려는 우리의 모든 노력에 저항한다.

인생에는 고치고 싶은데 고칠 수 없는 것이 많다. 구겨진 덮개를 맨손으로 수리할 수 있을 뿐이다.

가족 간의 오래된 갈등, 친구들 사이의 반목, 권력자에 의한 부당행위, 질병이나 장애, 도덕적 실패, 우리가 일으킨 사고 등 우리가 겪는 고통의 목록은 끝이 없다. 인생에는 늘 원래대로 되돌리고 싶은 무언가가 있다. 그리고 우리의 그런 노력은 사실상 상황을 더 악화시키고 만다.

슬프게도 코헬렛 역시 "구부러진 것을 곧게 할 수 없다"는 걸 깨달았다. 우리가 아무리 열심히 애쓴다 해도 인생을 다른 방향으로 구부릴 수 없다. 우리가 다룰 수 없는 사람들, 풀 수 없는 문제들, 벗어날 수 없는 압박들이 있다.

게다가 우리는 인생의 합이 맞아떨어지게 만들 수도 없다. 그것이 이 잠언의 두 번째 요점이다. 굿 뉴스 바이블(Good News Bible)은 전도서 1장 15절을 이렇게 번역한다. "구부러진 것을 곧게 할 수 없고, 존재하지 않는 것을 셀 수 없다." 터키의 소설가 오르한 파무크(Orhan Pamuk)도 비슷한 말을 했다. "미완성. 세상은 어쨌든 결여되어 있다."[15]

인생이란 마치 수입 지출의 균형 맞추기를 거부하는 통장 잔고와 같다. 적자가 있다는 걸 알면서도 그게 뭔지 정확하게 알 수가 없다. 모든 것을 정확하게 맞추려고 조정할 때조차 마음속 깊은 곳에서는 우리가 그 수치들을 날조하고 있다는 사실을 알고 있다.

### 인간의 끝없는 탐구

결국 코헬렛의 첫 번째 탐색은 실패했다. 인간의 지혜는 인생의 의미에 답을 줄 수 없었다. 그렇다고 그가 포기했다는 건 아니다. 전도서 1장 16-18절에서도 그의 탐색은 계속된다.

첫 시도가 실패로 돌아간 뒤 그는 자기 자신과 허심탄회한 대화, 즉 자기가 깨달은 바에 대한 내적 대화를 계속했다. 그는 자기 영혼에 "내가 크게 되고 지혜를 더 많이 얻었으므로 나보다 먼저 예루살렘에 있던 모든 사람들보다 낫다 하였나니 내 마음이 지혜와 지식을 많이 만나 보았음이로다"(전 1:16)라고 말했다.

그때까지 전도서의 솔로몬은 도덕성이라는 주제를 다루지 않았고, 그래서 그의 탐색은 미완성이었다. 마치 인문과학대학에서 온갖 고전을 읽는 사람처럼 그는 자기가 배울 수 있는 모든 지식을 습득하려 했다. 그러나 옳고 그름의 차이를 온전히 이해하지 못했고, 그저 더 나은 사람이 됨으로써 의미와 목적을 발견하려 했다. 그래서 그는 상대주의적 접근법을 취했다. "내가 다시 지혜를 알고자 하며 미친 것들과 미련한 것들을 알고자 하여 마음을 썼으나"(전 1:17).

여기서 전도자는 "미친 것들과 미련한 것들"을 구약의 일반적 용례(하나님께 불순종하는 것을 미치도록 어리석은 일로 언급하는 것)대로 사용하는 것 같다. 그는 옳고 그름의 차이를 이해하기 위해 애썼다. 그것은 오늘날 많은 사람들이 취하는 방법이기도 하다.

사람들은 비록 하나님의 자리가 어디인지, 혹은 신이 정말 존재하는지에 대해 확신하지 못할지라도 여전히 착하고 도덕적인 삶을 살고 싶어 한다. 빌 머리(Bill Murray)가 영화 '사랑의 블랙홀'(Groundhog Day)에서 그려낸 인물처럼, 사람들은 타인에게 선을 행함으로써 삶의 단조로움을 그럭저럭 견뎌내려 한다.

코헬렛의 새로운 탐색 결과는 어땠을까? 옳고 그름의 차이를 아는 것이 인생의 목적을 발견하는 데 도움이 되었을까? 그는 더 나은 사람이 될 수 있었을까? 전혀 아니다. 틀에 박힌 도덕성도 그의 영혼을 만족시키지 못했다. 그는 "이것도 바람을 잡으려는 것인 줄을 깨달았도다"(전 1:17)라고 말했다. 그리고 자기가 깨달은 바를 압축해 놓은 또 다른 잠언을 제시했다. "지혜가 많으면 번뇌도 많으니 지식을 더하는 자는 근심을 더하느니라"(전 1:18). 이게 바로 사람들이 "모르는 게 약"이라고 말하는 이유다. 인생에 대해 더 많이 알수록 더 많은 슬픔을 느끼게 된다.

## 희망찬 결론

일반적으로 전도서를 서둘러 읽는 것은 이전보다 인생을 더욱 나쁘게 느끼도록 만든다. 처음에는 전도자의 솔직함이 신선해 보일지 모르지만, 그의 책을 연구하면 할수록 우리는 침체에 빠지게 된다.

사실 이 말은 곧 저자가 그의 목적을 달성하고 있다는 뜻이다. 기억하라. 그는 지금 우리에게 세속의 관점으로 세상을 보여 주고 있다. 그 관점으로 생각할 수 있는 최선은 고작 '인간은 자기 혼자의 힘으로 할 수 있다'는 것 아닌가.[16]

물론 코헬렛은 하나님을 믿고, 그분의 이름을 언급하기도 한다(전 1:13 참조). 하지만 본질적으로는 하나님의 도우심 없이 영적인 탐색을 해 나간다. 전도자는 기도하지도 않고, 성경을 참고하지도 않는다. 오히려 하나님의 위엄을 묵상하기 위해 의미를 찾기 위한 탐색을 멈추지 않고 계속해 간다. 즉 그는 "하나님께서 주신 진리를 드러내지 않고, 계시나 도움을 받지 않은 자기의 이성으로" 문제를 정밀히 조사해 나갔다.[17]

만약 우리가 세속의 관점을 취하고, 하나님의 용어가 아닌 우리의 용어로 세상을 이해하려 한다면, 우리는 전도서 1장을 결코 벗어나지 못할 것이다. 모든 철학을 연구하고, 모든 종교를 조사하며, 당신이 원하는 대로 모든 개인의 성장을 추구해 보라. 그것 역시 좌절로 끝날 것이다. 인간의 이성은 우리를 거기까지 데려다줄 뿐이다. 우리의 배움도 결국 하나님이 없으면 공허하다.

하지만 감사하게도 하나님은 실재하시고 우리를 절망 가운데 내버려 두지 않으신다! 전도서의 솔로몬은 우리에게 필요한 구주를 보여 준다. 아직까지는 코헬렛이 그 사실을 모르고 있다. 그러나 우리의 탐색이 끝날 때, 하나님은 그 아들의 위격 안에서 우리를 기다리고 계실 것이다.

성경은 하나님이 자기를 찾는 자들에게 상 주시는 이라고 기록한다(히 11:6). 그리고 누구든지 지혜가 부족하거든 하나님께 구하라고, 그리하면 주신다고 이야기한다(약 1:5). 즉 예수 그리스도(자신의 위격 안에 계신 바로 그분)는 "하나님의 지혜"다(고전 1:24).

다음을 기억하지 않고 전도서 1장을 떠나면 안 된다. 예수님은 우리에게 지혜롭게 사는 방법을 보여 주시기 위해 해 아래 인생의 덧없음과 성가심 속으로 들어오셨다. 만약 우리가 예수님과 그분의 지혜를 따른다면, 굽어 있는 것을 자기의 목적대로 또다시 구부리려 하지 않고 겸손히 하나님이 원하시는 방식에 순종할 것이다. 예수님께서 굴곡진 십자가로 가셔서 우리 죄를 위해 죽으신 것처럼 말이다(벧전 2:21-24 참조).

우리가 예수 그리스도의 지혜를 따른다면 결국에는 인생의 합이 맞아떨어질 것이다. 물론 '42'처럼 단순하게 정리되지는 않을 것이다. 영원의 한쪽 면으로 정리되지도 않을 것이다. 그렇다 해도 최종 계산은 예수님께 남겨두라. 그러면 예수님께서 모든 통장의 잔고가 결국 균형을 이룰 거란 사실을 확인시켜 주실 것이다. 그분의 피로 화목케 하신 우리의 개인 계좌도 마찬가지다.

현재의 근심거리는 영원하지 않을 것이다. 인생의 의미를 이해하려는 모든 싸움도 마찬가지다. 슬픔은 곧 끝날 것이다. 우리는 예수님과 영원히 함께 있을 것이고, 그분 안에서 모든 질문의 답을 발견할 것이다.

Why Everthing Matters

# 3. 참된 즐거움

나는 내 마음에 이르기를 자, 내가 시험 삼아 너를 즐겁게 하리니
너는 낙을 누리라 하였으나 보라, 이것도 헛되도다

**전 2:1**

현대인들은 과거의 어느 시대보다 더 많은 쾌락을 경험한다. 하지만 그와 같은 번영에도 불구하고 (어쩌면 그 번영 때문에) 우리는 영혼의 빈곤으로 고통당한다. 즉 쾌락의 맛이 이 세상에 대한 입맛을 만족시키고 남을 만큼 발달했지만 우리는 여전히 필사적으로 인생의 의미를 찾고 있다.

페기 리(Peggy Lee, 미국의 대중음악 가수 겸 작곡가. 당당하면서도 감각적인 가사를 쓰는 것으로 유명하다—역주)는 '저게 다야?'(Is That All There Is?)라는 노래에서 이 문제에 대해 이야기했다. 두 번째 절에서 그녀는 서커스에 다녀온 어린 시절의 경험을 묘사한다.

열두 살 때 아버지는 나를 서커스에 데려가셨지.
지상 최대의 쇼. 광대와 코끼리와 춤추는 곰들.
핑크 타이즈를 신은 아름다운 아가씨가 머리 위로 높이 날았지.
그래서 나는 거기 앉아 놀라운 구경거리를 보았어.
뭔가 빠진 것 같은 느낌이랄까.
그게 뭔지 몰랐지만, 쇼가 끝난 뒤 혼잣말을 했어.

"서커스가 저게 다야?"

그런 다음 유명한 후렴구를 낮게 읊조린다.

저게 다야? 저게 다야?
만약 저게 다라면 친구들아, 그냥 계속 춤이나 추자.
위스키를 따서 신나게 즐기자.
만약 저게 다라면 말이야.[1]

### 쾌락 테스트

전도서의 솔로몬도 페기 리와 똑같은 의문을 품었다. 인생이 이게 다일까? 아니면 뭔가 더 있을까?

우선 그는 존재의 수수께끼를 풀기 위해 지성을 사용하는 해결 방법을 검토해 보았다. 그러나 결국 인간의 지성을 통해 지식을 탐색하는 일은 짜증과 슬픔으로 끝났다. '자율적 인식론'은 부질없다는 게 그의 결론이었다.² 그래서 전도자는 다른 접근법을 취하기로 했다. 하나님의 은혜와 아름다움처럼 인생을 변화시키는 것에 대해서가 아니라, 인생에서 더 많이 뽑아낼 수 있는 것에 대해 다시 혼잣말을 시작한 것이다.

그는 자기 영혼에게 이렇게 말했다. "자, 내가 시험 삼아 너를 즐겁게 하리니 너는 낙을 누리라"(전 2:1).

'시험'이라는 말을 뒤따르는 것은 실험, 곧 개인의 경험에서 뭔가를 배우려는 고의적 시도다. 그리고 '쾌락'이라는 단어는 그가 경험하기 원하는 것(즐거운 인생)을 보여 준다. 그는 U2가 조니 캐시(Johnny Cash)를 위해 쓴 노래 가사 속 '방랑자'와 같다.

> 나는 밖으로 나갔지
> 경험을 찾아
> 후회하기 전에 할 수 있는 만큼 많이
> 맛보고 만지고 느끼기 위해서 말이야.³

이 구절에서 매 절마다 반복되는 중요한 단어가 있다. 바로 '나'다. 저자는 지금 자전적으로 말하고 있다. 그럼에도 그가 그토록 자주(이 구절들에서 약 40회) "나를, 나 자신, 내가"라고 말할 필요가 있을까? 틀림없이 그는 자기중심적 쾌락 추구에 빠져 있다.

그래서 코헬렛은 실험적인 쾌락주의자가 되었고, 개인의 행복을 인생의 주된 목적으로 삼기로 선택했다. **웨스트민스터 소요리문답**의 제

1문답과 상반되지만 그의 주된 목적은 **자기 자신**을 영화롭게 하고, 할 수 있는 한 **자기 자신**을 누리는 것이었다.

하나님을 즐거워하기보다 자기 자신을 즐거워하는 것, 이것은 우리 모두에게 유혹거리다. 이런 실수를 피하기 위해 스스로에게 다음과 같은 질문을 던져보는 것이 좋다. 하나님을 즐거워하는 대신 나 자신을 위해 누리고 싶은 쾌락은 무엇인가?

## 거침없는 쾌락주의

곧이어 전도자는 이 새로운 탐색이 첫 번째처럼 장대하게 실패했다고 말해준다. 쾌락은 그의 영혼을 지혜보다도 만족시키지 못했다. 그는 "보라, 이것도 헛되도다"(전 2:1)라고 말한다. 쾌락이 목적을 약속하는 듯 보였지만 안개와 같이 사라졌고 전도자는 빈손으로 남겨졌다. 즉 쾌락의 추구는 무의미한 쾌락주의로 밝혀졌다.

전도자는 쾌락주의에 공평한 기회를 주지 않았다고 여겨지지 않도록 전도서 2장 2-8절에 자신이 시도했던 온갖 쾌락을 나열하고, 9-11절에는 그 경험에서 배운 소감을 기록한다.

첫째, 그는 코미디를 시도했다. 어떤 사람들은 자신의 불안을 무언가에 대해 농담하는 것으로 해소한다. 그들은 자기 자신이 싫어질 때 다른 사람들을 웃음거리로 만든다. 지루해질 때 유튜브의 재미있는 동영상같이 자기를 웃게 해 줄 무언가를 찾는다. 한바탕 웃게 해 주는 것이라면 뭐든 말이다.

전도자도 이런 종류를 시도했지만 그것은 영구적인 성취를 가져다 주지 못했다. "내가 웃음에 관하여 말하여 이르기를 그것은 미친 것이라 하였고 희락에 대하여 이르기를 이것이 무슨 소용이 있는가 하였노라"(전 2:2). 여기서 "미친 것"이란 "정신적 기이함이라기보다 도덕적 사악함이다."[4]

하나님께 영광을 가져오는 것은 즐거운 웃음이다. 그러나 어떤 농담은 피상적이거나 냉소적이다. 만약 우리가 지혜롭다면, 우리의 웃음이 하나님의 선하심을 기뻐하는 데서 비롯된 것인지, 다른 누군가를 희생하여 얻은 것인지 물을 것이다.

코헬렛은 우리 존재의 의미에 관한 한 웃음이 쓸모없는 쾌락임을 발견했다. 인생은 웃을 일이 아니다. 예수 그리스도 없이 죽은 누군가의 장례에 관해서는 농담할 일이 전혀 없다.

코헬렛이 시도했던 두 번째 쾌락은 술이었다. 또 하나의 인기 있는 방법인 술은 인생의 즐거움을 추구하는 방법이기도 하고, 인생의 괴로움에서 탈출하는 방법이기도 하다. 이것을 알기에 전도자는 "술로 내 육신을 즐겁게" 하기로 선택했다(전 2:3). 어쩌면 그것은 오늘날의 많은 사람들처럼(술을 하나님의 선물로 받지 않고 취하도록 마시는 방식) 그가 술을 남용했다는 뜻일지 모르겠다.

그럼에도 코헬렛은 그의 마음이 여전히 지혜로 안내하고 있다고 주장했다. 솔로몬은 유명한 잠언에서 "포도주는 거만하게 하는 것이요 독주는 떠들게 하는 것이라 이에 미혹되는 자마다 지혜가 없느니라"(잠 20:1)라고 말했다.

하지만 코헬렛이 술을 맛본 것은 통제된 실험이었는지 모른다. 즉 그는 고대의 에피쿠로스주의자들처럼 적당히 마신 뒤 제정신으로 자기 경험을 평가하고 있다. 어쩌면 그는 알코올 중독자가 아니라 와인 전문가였을 수 있다.

그의 음주가 술 취함을 위함이든 세련되어 보이기 위함이든, 그는 주어진 여생 동안 쾌락을 추구하고 있었다. 전도서 2장 3절 말미에는 전도서 전체에 두드러지는 주제가 소개된다. 바로 인생이 한순간이라는 거다.

인생이 참으로 짧기 때문에 우리는 할 수 있을 때 쾌락을 추구하려 한다. 이런 심리는 1960년대와 70년대의 어느 유명한 맥주 광고에서 매우 명쾌하고도 확실하게 표현되었다. "인생은 단 한 번뿐이다. 할 수 있는 한 신나게 즐겨라!"

## 인생의 멋진 일들

전도서의 솔로몬은 그 모든 즐거움을 움켜쥐었지만 여전히 빈손이었다. 인생에는 수많은 쾌락이 있고, 전도자인 왕은 그 대부분을 다 시도해 볼 만큼 부유했다. 그는 아름다운 집을 짓고, 훌륭한 동산을 가꾸었다. "나의 사업을 크게 하였노라. 내가 나를 위하여 집들을 짓고 포도원을 일구며 여러 동산과 과원을 만들고 그 가운데에 각종 과목을 심었으며 나를 위하여 수목을 기르는 삼림에 물을 주기 위하여 못들을 팠으며"(전 2:4-6).

코헬렛은 설계자요 건축가요 개발자였다. 여기서 또 한 번 우리는 솔로몬 왕을 떠올린다. 전도서를 솔로몬이 썼든, 그의 비극을 경고하려는 누군가가 썼든, 전도서 2장의 세부사항들은 그의 일대기에서 온 것이다.

솔로몬은 웅장한 궁전을 짓는 데 십 년 이상 걸렸다. 포도를 생산하는 포도 재배 기술에 능했다. 화훼와 과실수를 키우는 원예와 식림에서도 그러했다. 우거진 초목은 작은 숲에 물을 댈 수 있을 만큼 넓은 저수지로 관개되었다. 그토록 대단한 인물이어야만 저 웅장한 프로젝트를 시도해 볼 수 있을 것이다. 그의 성취 범위는 코헬렛이 집들, 포도원들, 동산들, 과원들, 과목들, 못들 등 모든 것을 복수로 언급한다는 사실로 알 수 있다. 무엇보다 이 모든 것이 다 그를 위한 것이었다. 성경이 명명하듯 이 '큰 사업'은 그 남자의 사유지 일부였다. 전도자인 왕의 궁전은 되찾은 낙원, 즉 인간이 만든 에덴동산이었다.

그 엄청난 범위의 건축 프로젝트 및 막대한 규모의 재산이라면 전도자인 왕은 분명 대대적인 인력을 동원했을 것이다. 그래서 많은 노비를 샀고, 그들을 먹이기 위해 많은 소떼와 양떼가 왕의 목장에 흩어져 있었다(전 2:7).

우리는 손발로 그를 섬기는 수많은 종을 소유했던 솔로몬 왕의 인생에서 이 모든 것을 본다(왕상 10:4-8 참조). 동물의 수가 너무 많아서 매일 요리사들이 왕의 부엌에서 "살진 소가 열 마리요 초장의 소가 스무 마리요 양이 백 마리이며 그 외에 수사슴과 노루와 암사슴과 살진 새들"을 준비했다(왕상 4:23).

말할 필요도 없이 전도자인 왕은 돈도 엄청 많았다. 일부는 백성의 세금이었고, 일부는 외국의 공물이었다. "은 금과 왕들이 소유한 보배와 여러 지방의 보배"(전 2:8; 왕상 10:14-29 참조)였다. 그는 이 돈의 일부를 문자적으로, 그리고 비유적으로 아름다운 음악을 만드는 데 사용했다. "노래하는 남녀들과 인생들이 기뻐하는 처첩들을 많이 두었노라"(전 2:8).

당시에는 음악이 희귀한 쾌락이었지만, 전도서를 기록한 이 남자는 그것을 자기 집 안까지 들여왔고, 거기서 합창단이 그를 즐겁게 하기 위해 노래했다. 섹스는 보다 일반적이었지만 솔로몬 왕처럼 대대적으로 경험한 사람은 없었다. 즉 왕의 규방에는 천 명의 파트너가 있었다 (왕상 11:3).

다음 구절은 전도자인 왕이 쾌락을 실험해 보고 요약한 내용이다. "내가 이같이 창성하여 나보다 먼저 예루살렘에 있던 모든 자들보다 더 창성하니 … 무엇이든지 내 눈이 원하는 것을 내가 금하지 아니하며 무엇이든지 내 마음이 즐거워하는 것을 내가 막지 아니하였으니"(전 2:9-10).

하나님께서 그에게 약속하신 것처럼(왕상 1:37) 하나님이 그를 위대하게 만들어 주실 때까지 기다리기보다, 전도서의 솔로몬은 스스로를 위대하게 만들었다.

그는 원하는 것을 볼 때마다 취했다. 육체적 쾌락에 탐닉하는 유혹이 찾아올 때마다 빠져들었다. 그는 "시각적으로 즐겁고 내적으로 만족감을 주는" 그 어떤 것도 거부하지 않았다.[5]

## 어리석은 쾌락

술, 여자, 노래 등 전도서의 솔로몬은 모든 것을 가졌다. 요즘이라면 그의 얼굴이 '포춘'(Fortune)지 표지에 등장하고, 그의 집은 '건축학 다이제스트'(Architectural Digest)의 사진으로 특집기사가 됐을 것이다. 또한 팝스타가 생일파티에서 노래하고, 슈퍼모델이 그에게 구애했을 것이다.

그런 남자를 조금도 부러워하지 않기란 어렵다. 당신이라면 왕처럼 (혹은 여왕처럼) 살고 싶지 않겠는가? 누군가 당신을 대신해서 더러운 일을 해 주기를 바라지 않는가? 솔직히 말해서 당신이 만약 무사히 넘어갈 수만 있다면 솔로몬의 즐거움 중 일부를 직접 움켜쥐지 않겠는가?

당신이 "그렇다"고 대답하기 전에 그 실험의 결과를 알아야 한다. 온 열정으로 인생의 쾌락을 추구하는 사람들에게 과연 무슨 일이 일어날까?

사실 우리는 이미 답을 안다. 죄악되고 이기적인 욕망에 탐닉할 기회는 우리에게도 솔로몬만큼이나 많다. 어쩌면 그가 우리를 부러워할지도 모른다.

일반적으로 우리는 그보다 더 좋은 집에서 더 좋은 가구와 에어컨을 갖추고 산다. 더 큰 뷔페에서 식사하고 훨씬 더 다양한 음악을 듣는다. 섹스에 관해서도 끝없는 가상 파트너들을 다운로드할 수 있다. 이른바 상상 속의 규방이다. 모든 것이 우리에게 제공된다. 어떤 것도 이용 불가능한 게 없다. 그래서 묻겠다. 우리는 만족하는가? 아니면 여전히 더 많이 원하는가?

당연히 만족하지 않는다. 데이비드 허버드(David Hubbard)가 지혜롭게 관찰하듯이, 쾌락의 홍보기관은 제조부서보다 훨씬 더 유능하다!⁶

그레그 이스터브룩(Gregg Easterbrook)이 그의 책 『진보의 역설』(The Progress Paradox)에서 하는 말을 생각해 보라. 그 책의 부제는 '우리는 왜 더 잘살게 되었는데도 행복하지 않은가'다. 이스터브룩은 오늘날 우리가 행복을 제외한 거의 모든 것을 넘치도록 소유한다는 걸 보여 준다.

사실 우리는 더 많이 소유할수록 불행해진다. 원하는 것을 전부 다 가질 수 없음을 알기 때문이다.⁷ 어쩌면 이것이 21세기가 왜 불안의 시대인지를 설명해 주는 것인지 모른다. 과거 어느 때보다 더 많은 사람이 더 많이 정신 질환과 싸운다. 하지만 이 모든 것이 조금도 새롭지 않다. 1830년대에 미국을 여행한 프랑스 정치인 알렉시스 드 토크빌(Alexis de Tocqueville)은 "풍요로움의 한복판에 있는" 미국인들을 괴롭히는 "이상한 우울감"을 감지했다. 그리고 "이 세상의 완벽한 기쁨은 결코 마음을 만족시키지 못할 것이다."라고 현명한 결론을 내렸다.⁸

쾌락 여행의 후유증으로 고통당하던 '다음 날 아침'에 코헬렛은 이렇게 말했다. "그 후에 내가 생각해 본즉 내 손으로 한 모든 일과 내가 수고한 모든 것이 다 헛되어 바람을 잡는 것이며 해 아래에서 무익한 것이로다"(전 2:11).

'생각하다'(히브리어로 **파나흐**[panah])라는 동사는 문자적으로 '직시하다', 즉 '눈으로 직접 보다'를 의미한다. 솔로몬은 현실을 직시했고, 인생을 있는 그대로 바라보았다. 그는 우리가 인생이 아름답지 않다는 사실을 알기 원한다.

인생에서 최대한의 쾌락을 다 짜내어 보라. 해 아래 삶에서는 아무 것도 얻을 게 없다. 즉 쾌락 자체가 목적이 될 때에는 그것이 우리의 영혼을 만족시킬 수 없다.

우리는 이 교훈을 전도서에서도 배울 수 있지만, 자신이 직접 우울감을 경험하는 것으로도 배울 수 있다.

뉴잉글랜드 패트리어트 풋볼 팀의 쿼터백을 맡고 있는 스타 선수 톰 브래디(Tom Brady)에게 물어보라. 어느 인터뷰에서 그는 다음과 같이 말했다. "나는 왜 슈퍼볼 우승반지 세 개를 가져야 하고, 여전히 거기에 나를 위한 더 위대한 무언가가 있어야 한다고 생각할까요? 수많은 사람이 '이봐 친구, 원래 그런 거야.'라고 말할 거예요. 나는 내 목표, 내 꿈, 내 인생을 이뤘어요. 그런데도 나는 나에 대해 '그 이상이어야 해.'라고 생각합니다. 생각했던 만큼의 명성이 아니라는 거죠. 그래선 안 된다는 거죠."

이 말을 들은 질문자가 "그렇다면 답이 뭡니까?"라고 물었다. 하지만 브래디는 이렇게 말할 수밖에 없었다. "저도 알면 좋겠네요. 저도 알고 싶어요."[9]

### 하나님에 대한 갈망

답을 모른다면 우리는 다시 페기 리를 불러야 한다. "저게 다야? 저게 다야? 만약 저게 다라면 친구들아, 그냥 계속 춤이나 추자. 위스키를 따서 신나게 즐기자. 만약 저게 다라면 말이야."

하지만 그게 다가 아니다. 할렐루야! 우리가 해 아래에서 좇던 모든 쾌락이 결국 우리의 영혼을 만족시킬 수 없다는 걸 발견할 때, 그제야 우리는 이 세상 너머를 바라보게 될 것이다. 우리의 채워지지 않는 갈망은 우리가 하나님으로 말미암은 쾌락을 누리도록 지음받았다는 영적 단서다.

이 세상은 우리에게 사회비평가 앤드류 델방코(Andrew Delbanco)가 묘사한 "초월성에 대한 풀리지 않은 갈망"을 남긴다.[10] 그것은 설계된 것이다. 우리가 세속의 쾌락에서 영원한 만족을 발견할 수 있다면 하나님에 대한 우리의 필요를 결코 보지 못할 것이다. 하지만 만족은 쾌락 자체에서 오지 않는다. 그것은 언제나 별도로 취급된다.

우리의 불만족은 우리를 다시 하나님께로 향하게 해야 한다. 하나님께로부터 멀어지는 것이 아니라 하나님을 바라보게 해야 한다.

C. S. 루이스(C. S. Lewis)는 우리의 욕망이 충족되지 않은 실망감 덕분에 하나님 존재에 대한 "일종의 존재론적 증명"을 살아낸다고 주장했다.[11] 어쩌면 이것이 바로 전도서가 성경 속에 있는 이유일지 모른다. 만족은 오직 하나님께로부터 온다는 사실을 우리에게 납득시키기 위해 전도서가 존재한다.

세상은 충분치 않다. 전도서가 우리를 낙심하게 하거나 우울하게 하려고 그 사실을 보여 주는 것이 아니다. 우리를 다시 하나님께로 인도하기 위해서다. 우리는 또 다른 세상을 위해 지음받았다. 그 아들을 보내셔서 우리를 구원하시고 우리를 만족케 하시는 분은 하늘에 계신 하나님이다.

3. 참된 즐거움 / 65

이와 같은 구원의 목적을 위해 하나님의 위대한 아들은 자기 자신의 기쁨이 아닌 아버지의 기쁨을 위해 사셔야 했다. 이것을 다음과 같이 생각해 보라. "예수님은 솔로몬이 추구했던 온갖 것에 유혹당하셨지만 거절하셨다."[12] 이것이 그분을 구주로, 만족이 없는 모든 죄인에게 필요한 구주로 만드신다. 조니 캐시가 '방랑자'라는 곡에서 찾던 그 사람이다.

> 한 선한 사람
> 굽히거나 부서지지 않을 영혼
> 아버지의 우편에 앉으실 수 있는 분[13]

### 의미 있는 쾌락

십자가에 달리시고 부활하신 그리스도 안에서 총체적인 만족이 주어진다. 시인인 앤 브래드스트리트(Anne Bradstreet)의 시를 인용하면, 오직 예수님만이 "영혼을 만족시킨다."[14]

우리가 그분께로 돌이킬 때 놀라운 일이 일어난다. 우리를 만족시켜 주지 못했던 쾌락이 우리가 하나님의 선하심 안에서 훨씬 더 큰 기쁨을 발견하도록 돕는다. 물론 어리석은 쾌락, 곧 성경에 기록된 "잠시 죄악의 낙을 누리는 것"(히 11:25)에는 통하지 않는다. 그러나 거룩한 쾌락도 있다. 하나님의 백성에게는 **의미 있는 쾌락**이 존재한다. 바로 예수 그리스도의 임재에서 비롯된 쾌락이다.

『나니아 연대기』(The Narnia Chronicles)의 『캐스피언 왕자』(Prince Caspian)의 후반부에서 C. S. 루이스는 루시와 수잔 자매들이 아슬란과 뛰노는 장면을 그린다.

위대한 사자왕은 나니아 왕국으로 돌아와 숲을 깨웠다. 웃고 떠들며 소란스러운 춤을 추고, 포도주 맛이 나는 감미로운 포도를 맛있게 먹는다. 거기에 미치광이 같은 한 소년이 춤을 추고 있다. "파우나(로마 신화에 나오는 염소의 귀, 뿔, 뒷다리를 가진 목축의 신-역주) 가죽을 입고 곱슬머리에는 포도 덩굴로 만든 화관을 썼다." 루시와 수잔의 오빠인 에드먼드가 그 소년을 보고 말한다. "아무 짓이나 할 녀석인걸. 아무 짓거리나 말이야."

나중에 아이들은 그 미치광이 소년이 디오니시우스로도 알려진 술의 신 바쿠스였다는 걸 깨닫는다. 수잔은 그것에 영감을 받아 지혜로운 소견을 밝힌다. "아슬란 님도 없이 바쿠스랑 저 막무가내 여자애들을 만났다면 쟤들과 함께 있는 것에 대해 안심하지 못했을 거야." 그러자 루시가 대답한다. "나도 그랬을 거야."[15]

이 원리는 그리스도인의 삶에도 그대로 적용된다. 쾌락은 거기에 하나님이 계실 때에만 안전하다. 그런 일은 자기를 위해 쾌락을 취하거나 쾌락을 인생의 중심 열정으로 삼을 때에는 결코 일어나지 않는다. 다윗이 "주께서 생명의 길을 내게 보이시리니 주의 앞에는 충만한 기쁨이 있고 주의 오른쪽에는 영원한 즐거움이 있나이다"(시 16:11)라는 고백으로 보여 준 것처럼, 모든 쾌락을 하나님의 선물로 받을 때에만 일어난다.

웃음을 하나님의 선물로 받아들일 때, 우리는 하나님의 쾌락을 맛본다. 타인을 조롱하거나 저속하게 농담하지 않는다. 언젠가 주인의 즐거움에 참여할 것을 알기에(마 25:21 참조) 자신과 한계에 대해 웃는다.

또한 우리는 포도주를 하나님의 선물로 받아들일 때 참된 쾌락을 맛본다. 포도주를 "기쁨으로"(전 9:7) 마신다. 불법적으로 맛보거나 술에 취해 스스로를 조롱하지 않는다.

좋은 집과 아름다운 건물을 설계할 때에도 우리는 하나님의 쾌락을 맛본다. 자신을 과시하려는 목적이 아니라 타인의 유익과 하나님의 영광을 위해 집과 건물을 지을 때 그러하다(느 12:27-30 참조).

아름다운 정원을 거닐 때, 형형색색의 피조물을 보고 즐길 때, 그리고 하나님의 아름다우심을 경험할 때에도 우리는 하나님의 쾌락을 맛본다.

솔로몬이 언급하는 모든 것에 쾌락이 있다. 하나님의 영광을 위한 보람찬 노동(골 3:23), 감사기도가 있는 만찬(딤전 4:3-4), 영원한 수익이 보장된 하나님 나라에 투자된 은과 금(마 6:19-20 참조)을 보라. 음악에도 쾌락이 있다. 귀를 즐겁게 하고 감동을 선사하여 하나님을 경배하게 만든다. 성관계에도 쾌락이 있다. 단, 설계자이신 하나님의 의도대로 나누어질 때 그렇다. 성적인 친밀함이 자신을 위해 취해지지 않고 다른 이에게 주어질 때, 평생 사랑의 언약으로 묶인 한 남자와 한 여자 사이에서 배타적으로 나누어질 때, 그때의 성적인 연합은 최고의 쾌락을 발견한다.

하나님은 흥을 깨시는 분이 아니다. 우리에게서 그 어떤 쾌락도 빼앗아 가지 않으신다. 오히려 더 많이 주려 하신다. 하나님 안에서 만족을 발견하는 법을 배우고 나면, 그분의 모든 선물이 가장 선하고 참된 쾌락이 된다. 대니얼 트레이에르가 썼듯이 "피조세계에 있는 하나님의 선물은 소유 의식이 아니라 청지기 의식으로 누리도록 의도된 것이다."[16]

다행히도 의미 있는 쾌락을 경험하기 위해 솔로몬처럼 부유할 필요가 없다. 단순히 우리 주변 세상에 있는 것을 사랑 많으신 하나님의 선물로 받아들이고 예수 그리스도의 이름으로 그분께 감사기도를 드리기만 하면 된다.

Why Everthing Matters

# 4. 노동과 성취

사람이 해 아래에서 행하는 모든 수고와 마음에 애쓰는 것이 무슨 소득이 있으랴.
일평생에 근심하며 수고하는 것이 슬픔뿐이라.
그의 마음이 밤에도 쉬지 못하나니 이것도 헛되도다

**전 2:22-23**

당신이 보통 사람이라면 어떻게 이 모든 일을 해낼 수 있는지 의아해지는 순간을 매주 만난다. 업무에 뒤처진다. 전공 과제가 오늘까지다. 꼭 지켜야 할 중요한 약속이 있다. 그런데 남은 시간이 얼마 없는 것 같다.

이것이 당신 삶에 대한 묘사라면 당신은 시인인 크리스천 위먼(Christian Wiman)의 에세이 내용과 연관될 수 있다. "아무에게나 요즘 어떻게 지내냐고 물어보라. 가장 흔한 반응은 '바쁘다', 혹은 '피곤하다'일 것이다. 우리는 모두 매일 매 순간을 측량 가능한 일과 성취로 채워야 한다는 과열된 욕구를 충족시키는 데 쓸 시간이 예전보다 더 줄었다고 느낀다."[1]

모든 일을 끝마치는 데 필요한 시간이 부족하다는 것은 내가 오래도록 '그런즈데이'(Grunsday)를 옹호해 온 이유를 설명해 준다. 그런즈데이란 매주 수요일과 목요일 사이의 여분의 날로, 남은 주간에 끝내지 못할 것 같은 일들을 따라잡기 위한 날이다.

그야말로 간신히 해내고 있다는, 일터에서 경험하는 좌절감이 있다. 대부분의 직장인들은 '보그'(The Vogues, 1958년에 결성된 미국 보컬 그룹-역주)

의 노래 '다섯 시의 세계'(Five O'Clock World)의 첫 구절과 관련이 있다.

> 매일 아침 오로지 일자리를 유지하려고 일어나
> 북적이는 저들 사이에서 내 길을 지켜 낸다.
> 도시의 소음이 내 머릿속을 울리고
> 또 하루가 헛수고로 돌아간다.[2]

일하는 또 하루는 낭비되는 또 하루다. 전도서를 쓴 솔로몬도 똑같이 느꼈다. 올빼미처럼 학교에서 밤을 새거나 교통체증 속에서 매일 출근할 필요는 없었겠지만, 전도자인 왕도 우리처럼 일의 저주를 견뎠다.

### 당신이 가질 수 없다

코헬렛의 탐색을 떠올려 보라. 전도서의 저자는(솔로몬이든 대필자든) 인생의 의미를 저돌적으로 좇는 중에 육신의 온갖 쾌락(정말로 '모든' 쾌락을 말한다)에 탐닉했다. 그리고 지혜의 유익함을 어리석음과 비교함으로써 재고했다. 하지만 무엇을 시도하든, 그의 탐색은 실패로 돌아갔다. 결국 그는 해 아래 모든 것을 증오하게 되었고, 그중 가장 증오한 것이 바로 일이었다. "내가 해 아래에서 내가 한 모든 수고를 미워하였노니"(전 2:18).

많은 사람이 인생에서 일이 목적의식을 줄 거라고 기대한다. 어쩌면 이것은 낯선 사람을 처음 만났을 때 첫 번째로 묻는 질문 중에 "직업이 뭡니까?"가 있는 이유를 설명해 주는 것일지 모른다. 하지만 일은 인생의 목적을 찾기엔 잘못된 주소다.

여러모로 "직장인을 위한 책"이자 "사색하는 자를 위한 책"[3]인 전도서에 따르면 세속의 비즈니스에는 두 가지 중대한 문제점이 있다. 첫째는 우리의 모든 고된 수고로부터 이익을 얻을 사람은 결국 다른 사람이라는 것이다. 실리적인 사색가인 전도자는 자기의 투자로 어떤 이익이 되돌아올지 알고 싶어 했다. 그는 죽음에 대해 생각하면서(전 2:16 참조) 언젠가는 "내 뒤를 이을 이에게" 모든 것을 남기고 떠나야 한다는 걸 깨달았다(전 2:18).

수집품을 모으고, 사업을 일으키고, 가정을 꾸리고, 재산을 불리면서 전 생애를 보낼 수 있다. 하지만 그것을 가져갈 수는 없다. 죽을 때 다 잃을 것이고, 그 상실은 어떤 불행으로 인해 앞당겨질 수도 있을 것이다. 어쨌거나 당신의 수집품은 결국 딜러에게 넘어갈 것이고, 집안의 물건들은 경매에 팔릴 것이고, 누군가가 당신의 포트폴리오를 관리할 것이고, 당신이 평생 일해서 얻은 모든 것은 사라질 것이다.

운이 좋으면 당신의 물품이 좋은 사람에게 넘어갈 것이다. 물론 아닐 수도 있다. 전도자는 말한다. "그 사람이 지혜자일지, 우매자일지야 누가 알랴마는 내가 해 아래에서 내 지혜를 다하여 수고한 모든 결과를 그가 다 관리하리니 이것도 헛되도다"(전 2:19).

죽은 후에 무슨 일이 일어날지 전혀 짐작할 수 없지만, "누가 알랴?"라는 질문은 부정적인 반응을 촉발한다. 세상에는 어리석은 자들이 정말 많기에 모든 것이 나쁜 사람 수중에 떨어질 가능성이 높다.

설령 우리의 재산을 갖게 된 사람이 지혜롭다 하더라도 그에게는 자격이 없다. 우리의 수고로 얻은 것은 고된 노동의 대가로 우리에게 속해야 한다. 그런데 그것이 다른 누군가에게 갈 것이다.

이 슬픈 현실에 비추어 전도자는 최악의 시나리오를 생각했다. "이러므로 내가 해 아래에서 한 모든 수고에 대하여 내가 내 마음에 실망하였도다. 어떤 사람은 그 지혜와 지식과 재주를 다하여 수고하였어도 그가 얻은 것을 수고하지 아니한 자에게 그의 몫으로 넘겨주리니 이것도 (코헬렛이 한 번만 더 말하면 천 번째다) 헛된 것이며 큰 악이로다"(전 2:20-21).

어떤 사람이 일을 한다. 그러나 부는 다른 사람이 얻는다. 공평하지 않다! 우리는 자기 이익을 위해 일하는 게 아니라 결국 우리가 죽으면 우리 것을 얻어갈 게으름뱅이를 위해 일하게 된다. 솔로몬은 이런 상실감을 예민하게 느꼈다. 지혜와 재능이 있는 일꾼에 대해 말할 때 그는 자기의 엄청난 재산은 말할 것도 없고 자기가 지은 건물과 자기가 가꾼 정원을 떠올리고 있었다(전 2:4-9 참조).

이른바 솔로몬은 세상에서 가장 성공한 비즈니스맨이었다. 그러나 왕이 죽자 그의 전 재산은 맏아들 르호보암에게 유산으로 남겨졌다. 솔로몬 왕은 자기의 계승자가 지혜로운지 여부를 몰랐겠지만 우리는 확실히 안다. 르호보암은 아버지가 물려준 왕국의 80퍼센트 이상을 잃을 만큼 매우 어리석었다!(왕상 12장 참조)

이것은 인간 존재의 큰 좌절 중 하나다. 우리는 영원한 무언가를 소유하고, 만들고, 행하기 바라는 깊은 갈망을 가지고 태어난다. 하지만 해 아래의 현실은 결코 지킬 수 없는 것을 얻기 위해 전 인생을 노동에 사용할 거라는 사실이다.

의심할 바 없이 이것은 코미디언 우디 알렌(Woody Allen)이 "난 일을 통해 불멸을 이루고 싶지 않소. 영원히 사는 것으로 이루고 싶소."[4]라고 빈정거린 이유를 설명해 준다.

러시아의 대문호 레오 톨스토이(Leo Tolstoy)는 좀 더 진지한 태도로 이렇게 썼다.

> 나의 질문(쉰의 나이에 나를 자살이라는 벼랑으로 몰고 간 질문)은 정말 단순했다. 모든 사람의 영혼에 자리 잡고 있지만 답이 없는 질문이었다. 누구도 그 답에 의지해서 살 수 없었다. "내가 오늘, 혹은 내일 하고 있는 일에서 무엇이 얻어질까? 나의 전 생애에서 무슨 결과가 나올까? 나는 왜 살아야 할까? 왜 무언가를 바라며, 무언가를 행할까?" 그건 이렇게도 표현될 수 있다. "내 인생에 의미란 게 존재할까? 나에게도 어김없이 찾아올 불가피한 죽음이 파괴하지 못하는 의미 말이다."[5]

## 일의 저주

모든 걸 뒤로 하고 떠나는 것도 충분히 나쁜데 일에는 또 하나의 심각한 문제가 있다. 바로 일 자체다!

첫 번째 문제는 우리의 일이 다른 누군가의 상급이 될 거란 사실이다. 두 번째 문제는 우리의 일 자체가 수고와 고생이라는 것이다. "사람이 해 아래에서 행하는 모든 수고와 마음에 애쓰는 것이 무슨 소득이 있으랴. 일평생에 근심하며 수고하는 것이 슬픔뿐이라. 그의 마음이 밤에도 쉬지 못하나니 (여기에서 다시 등장한다) 이것도 헛되도다"(전 2:22-23).

전도자가 "해 아래에서" 수고함에 대해 말할 때 우리는 누군가가 뜨거운 낮 시간에 밭에서 오래 일하고 이글거리는 열기 아래 땀 흘리는 장면을 상상한다. 하지만 일은 정신적 노동도 요구한다. 그것이 바로 전도자가 일을 "마음에 애쓰는 것"이라고 부르는 이유다. 우리가 어떤 종류의 일을 하든, 그것은 언제나 우리에게 손해를 끼친다. 달리 말하면 "얻을 것 없이 스트레스가 엄청나다."[6]

일이 가져오는 모든 근심을 생각해 보라. 때로는 할 일이 너무 많은 나머지 다 마칠 수 있을까 염려한다. 밤새 숙면할 수 있다면 괜찮다. 하지만 우리는 어제 시험을 어떻게 치렀는지 걱정하거나 내일의 프로젝트를 염려하느라 밤을 새운다.

일에 지친 사람들에게는 쉼이 없다. 그 문제들이 얼마나 오래 지속될지에 주목해 보라. 전도서 2장 23절에 따르면 일평생이다. 시작부터 끝까지 인생은 고된 노동이다. 그럼에도 보여 줄 게 없다. 일을 인생으로 삼는다면 그것은 우리를 공허하게 만들 것이다.

워런 슈미트(Warren Schmidt)는 2002년 영화인 '어바웃 슈미트'(About Schmidt)에서 이 교훈을 배웠다. 은퇴 후에 슈미트는 오마하보험회사에서 보험회계사로 일했던 인생을 반추하며 자기의 모든 고된 수고로 보여 줄 게 없다는 걸 깨닫는다. 다음은 그가 아프리카 어린이를 후원하기 시작하면서 그 아이에게 쓴 글이다.

> 나는 우리 모두가 큰 틀 안에 있는 아주 작은 존재라는 걸 알아. 내 생각에 네가 소망할 수 있는 건 고작해야 약간의 차이를 만드는 것뿐이야. 그렇다면 난 이제껏 어떤 종류의 차이를 만들었을까? 이 세상 무엇이 나 때문에 더 나아졌을까? … 언젠가 내가 죽고, 나를 아는 모든 사람도 죽으면 마치 내가 전혀 존재하지 않았던 것처럼 될 거야. 내 인생은 다른 누군가에게 어떤 차이를 만들었을까? 내가 생각해 낼 수 있는 게 아무것도 없네. 네가 잘 지내면 좋겠구나. 진실한 네 친구, 워런 슈미트로부터.[7]

우리 모두가 깊이 생각해 볼 문제다. 나는 내 인생으로 무슨 차이를 만들어 낼까? 나의 고된 노동으로 보여 줄 것을 가질 수 있을까? 솔로몬 왕도 워런 슈미트와 똑같은 답을 주었다. 해 아래에서 행하는 모든 수고로부터 얻은 것을 생각해 볼 때 "일평생에 근심하며 수고하는 것이 슬픔뿐이라"는 결론을 내렸다 (전 2:23).

## 사랑하며 누려라!

다음에 무슨 내용이 올지 짐작하지 못하는 상황에서 전도서는 갑자기 뜻밖의 전환을 한다. 아무런 예고도 없이 전도자는 책 전체에서 처음으로 긍정적인 내용을 말한다. 이 지점에 이르기까지 그는 일 중독자처럼 말해 왔다. 일을 증오하고 일로 보여 줄 게 없는 사람처럼 말이다. 때문에 우리는 박식한 구약학자 게르하르트 폰 라드(Gerhard von Rad)가 코헬렛을 "절망의 심연 위를 부유(浮遊)하는"[8] 씁쓸한 회의론자로 규정하는 것에 동의하고 싶은 유혹에 빠지기도 한다. 그런데 그가 갑자기 "사람이 먹고 마시며 수고하는 것보다 그의 마음을 더 기쁘게 하는 것은 없나니 내가 이것도 본즉 하나님의 손에서 나오는 것이로다. 아, 먹고 즐기는 일을 누가 나보다 더 해 보았으랴"(전 2:24-25)라고 말한다.

이 구절은 절망의 광야에 있는 낙관주의의 신기루다. 이렇게 이 구절은 전도서에 전환점을 마련한다. 일이라는 대상에 대해서가 아니라 책 전체의 주제를 위해서다. 마르틴 루터(Martin Luther)는 전도서 2장의 마지막을 "놀라운 단락"이라고 부르며 다음과 같이 말했다. "그것에 앞서거나 뒤따르는 모든 것을 설명한다. 그게 주요 결론이다. 사실상 책 전체의 요점이다."[9]

이 말에 모두가 동의하진 않을 것이다. 일부 학자들은 여전히 이 구절의 인생관이 상당히 부정적이라고 생각한다. "더 기쁘게 하는 것은 없다"는 말은 인생의 선한 것들에 대해 마지못해 감사를 표현할 뿐이다. 저자는 마치 "많지는 않지만 적어도 인생이 당신에게 이 정도는 줄 수 있어요."라고 말하는 듯이 "자기의 내키지 않음과 열정 부족이 전달될 수 있도록 자기의 언어를 넌지시 표현했다."[10] 만약 이러한 해석이 옳다면 전도자의 태도는 **카르페 디엠**(carpe diem), 즉 "오늘을 즐기라."이다. 고린도전서에 쓰인 대로 표현하면 "내일 죽을 터이니 먹고 마시자"(고전 15:32)이다.

하지만 나는 전도서 2장 24-26절이 보다 긍정적이라고 믿는다. 그것은 분명 전도서에 처음 등장하는 '즐기라 단락'이다. 여기서 전도자는 절망에 빠지는 대신 하나님을 중심에 모시고 사는 것이 만들어 내는 차이를 보기 시작한다. 자기를 위해 무언가를 붙잡는 대신 하나님께로부터 그것을 받는다. 그러므로 '해 아래서의 덧없음'뿐 아니라 '하나님 손에서 오는 기쁨'도 전도자의 메시지다. 어느 주석가의 말을 인용하면 "이런 주장 중 한쪽을 전도서의 유일한 메시지로 만들지 않고 나머지 한쪽을 주의 산만이나 자격 불충분으로 퇴짜 놓지 않는 것이 중요하다. 코헬렛은 같은 단락에서 둘 다를 주장하고, 동일한 단락 안에서도 종종 그렇게 한다."[11]

코헬렛의 역설은 옛 카툰을 추억으로 송환한다. 어느 출판업자가 소설가에게 첫 줄을 바꿔 달라고 간청하고 있다. "디킨스 씨, 그때가 최선일 수도, 최악일 수도 있지만 둘 다일 순 없어요."[12]

하지만 당연히 **둘 다일 수 있다.** 심지어 자주 그렇다. 이른바 달콤쌉싸름한 균형이다. 우리는 죄로 인해 저주받은 세상에서 살고 있지만, 이 세상은 하나님께서 선하게 창조하셨던 곳이자 육신을 입고 방문하셨던 곳이며, 십자가를 지는 죽음 및 생명을 주는 부활을 통해 구속 사역을 행하시는 곳이기도 하다. 이렇듯 우리는 고통과 환희, 둘 다를 경험한다.

무엇이 기쁨을 가져오는지에 신중하게 주목하라. 전도서 2장 24절에서 전도자는 인생에 의미를 가져다 주는 데 실패했기 때문에 이미 거절했던 바로 그 활동들을 받아들인다. 앞서 그는 일을 따분하기 짝이 없는 것으로 결론지었다. 먹고 마시는 쾌락조차 그의 영혼을 만족시키지 못했다. 그런데 지금 먹고 마시고 수고하는 것에서 즐거움을 발견한다.

무엇이 차이를 만들까? 하나님이 차이를 만드신다!

이제까지는 전도서에서 하나님이 거의 언급되지 않았다. 그리고 언급될 때는 문제의 일부인 것처럼 보였다. 그것이 바로 전도자가 품은 큰 내적 갈등 중 하나였다.

불가피하게도 하나님이 그의 괴로움에 책임이 있으신 것처럼 보였다. 코헬렛은 결코 하나님의 능력과 주권에 대한 믿음을 포기하지 않았지만, 하나님이 존재하신다는 진리는 그를 기분 좋게 해 주기는커녕 오히려 그의 기분을 상하게 만들었다. 우리가 인생에서 겪는 좌절은 우선적으로 그 인생을 우리에게 주시는 하나님에 대한 좌절이기도 하다. 그렇다면 인생이 과연 이해할 만한 것인지에 대해 우리가 무슨 소망을 갖겠는가?

그러나 여기, 하나님의 임재가 모든 차이를 만든다. 하나님을 떠나서는 아무도, 어떤 것에서도 참된 기쁨을 발견할 수 없다. 그러므로 만약 인생에서 즐거움을 발견하는 데 어려움을 겪는다면 하나님이 당신의 상황 그 중심에 계시지 않는 게 틀림없다. 만약 실망의 깊이가 깊다면 다음이 그 이유일 수 있다. 우리는 즐거운 것들을 취해 왔고 그것을 궁극적인 것으로 삼아 왔던 것이다. 사실 그 모든 것은 하나님께서 주신 것인데 말이다.[13]

반면 전도서 2장 24절에서 전도자가 먹고 마시는 즐거움은 순전히 "하나님의 손에서 나오는 것"이다. 코헬렛은 자신을 위해 쾌락을 붙들려는 시도를 멈추고 쾌락을 은혜로운 선물로 맛보기 시작했다(전 3:13 참조). 여기에 인생의 여러 상황에 적용할 수 있는 성경의 기본 원리가 있다. "하나님께서 지으신 모든 것이 선하매 (만약) 감사함으로 받으면 버릴 것이 없나니 하나님의 말씀과 기도로 거룩하여짐이라"(딤전 4:4-5, 강조는 필자가 추가한 것).

세속의 쾌락은 하나님께로부터 온 선물이다. 물론 한계가 있기 때문에 결코 영원한 만족을 주지는 못할 것이다. 하지만 세속의 쾌락이 가져오는 기쁨은 우리를 북돋워서 하나님께 경배하게 한다. "묘하지 않은가?"

레이 스테드먼(Ray Stedman)이 말한다. "열심히 인생을 달릴수록, 온갖 쾌락을 좇아 허덕일수록 발견하는 건 더 적어진다. 그런데 인생을 하나님의 손에서 나오는 선물로 받아들일수록, 그 순간의 기쁨에 감사함으로 반응할수록, 그것이 당신에게 더욱 다가오는 것처럼 보인다."[14] 묘하지만 사실이다. 인생의 즐거움을 권리가 아닌 선물로 받아들일 때 진정한 기쁨과 참된 감사를 경험한다.

성경은 다음과 같이 기록한다. "그런즉 너희가 먹든지 마시든지 무엇을 하든지 다 하나님의 영광을 위하여 하라"(고전 10:31).

하나님의 손에서 나오는 것으로 받아들일 때 일도 하나님의 선물이 된다. 이것은 태초부터 이어져 온 진리다.

우리는 종종 아담과 하와가 에덴동산에서 할 일이 없었을 거라고 상상하지만, 하나님은 사실 그들에게 선하고도 힘든 일을 하게 하셨다(창 1:28, 2:15).

불행하게도 아담의 죄 때문에 우리의 일은 저주를 받았고, 그것이 우리의 노동을 수고와 괴로움으로 바꾸어 놓는다. 그럼에도 우리의 창조주께로부터 오는 일에는 기본적인 선함이 있다. 우리는 일하시는 하나님의 형상으로 지음받았고, 그분을 위해 일할 때 우리는 그분의 기쁨을 느낀다(전 2:10 참조).

그리스도를 믿는 자의 참된 상사이자 궁극적 주인은 우리 죄를 위해 자기 생명을 주신 구주다. 우리의 직업이 무엇이든(교사이든, 학생이든, 사무직이든, 건설노동자이든, 요식업자이든, 금융업자이든) 우리는 그리스도와 그분의 나라를 위해 일하고 있는 것이다.

이것을 코헬렛의 반복 이미지에서 채택된 다른 방식으로 말하면, 우리는 단지 해 아래에서가 아니라 성자 예수님 아래에서 일하고 있다. "무슨 일을 하든지 마음을 다하여 주께 하듯 하고 사람에게 하듯 하지 말라. 이는 기업의 상을 주께 받을 줄 아나니 너희는 주 그리스도를 섬기느니라"(골 3:23-24).

## 수고의 열매

기업(基業, 대대로 내려오는 재산과 사업-역주)의 상(賞)은 우리가 앞서 살펴보았던 이슈로 우리를 다시 데려간다. 일하는 자가 자기의 모든 수고로 얻는 것이 무엇인가? 전도자는 해 아래에서 과연 얻은 게 있는지에 의구심을 품기 시작했다. 하지만 그가 하나님을 그림 안으로 돌려놓았을 때 이 상(賞)을 발견했다. "하나님은 그가 기뻐하시는 자에게는 지혜와 지식과 희락을 주시나 죄인에게는 노고를 주시고, 그가 모아 쌓게 하사 하나님을 기뻐하는 자에게 그가 주게 하시지만, 이것도 헛되어 바람을 잡는 것이로다"(전 2:26).

여기서 전도자는 두 부류의 사람을 명확히 구별한다. 은혜로우신 하나님의 호의 아래 있는 자와 자기의 죄로 잃어버린바 된 자다. 하나님을 기쁘시게 해 드리는 자가 어떻게 묘사되고 있는지에 주목하라. 그들은 지혜와 지식과 희락을 감사함으로 받는 수혜자다. 우리가 하나님의 즐거움을 위해 산다면, 우리는 하나님께서 주기 원하시는 모든 영적 축복으로 풍성히 보상받을 것이다.

반면 완고한 죄인에게는 상이 없다. 오직 상실뿐이다. 일이 총체적 좌절임을 발견하는 사람은 특히 죄인이다. 그는 인생의 축복을 하나님의 선물로 받아들이려 하지 않는다. 오직 '모으기와 쌓기'에만 관심이 있다. 달리 말하면 그의 인생은 소비재의 취득과 축적에 지배당한다. 하지만 결국에는 그 모든 것을 뒤로한 채 떠나야 하고, 이것이야말로 참으로 헛되다.

때로는 재산의 이전이 이생에서 이미 발생한다. 나의 할아버지가 중앙 아이오와에서 성장하셨던 2차 대전 중에는 그 지역의 네델란드 출신 농부들이 박해의 희생양이었다. 그들의 언어가 어떤 미국인들에게는 독일어처럼 들렸는데, 그 미국인들은 그들의 노동 윤리, 번영, 그리고 종종 그리스도에 대한 강한 헌신까지도 싫어했다. 때문에 네델란드인들의 농장은 파손되었고, 생산물은 불태워졌으며, 생명은 위협당했다.

FBI가 수사를 위해 사람들을 보냈고, 주모자 중 하나가 술집에서 자기 계획을 떠벌리는 것을 듣고 사건의 돌파구를 찾았다. 범죄자들은 체포만 당한 것이 아니라 결국 압류도 당했다. 그들의 농장은 네델란드 농부들에게 헐값에 구매되었고(!) 마침내 성경말씀이 성취되었다. 죄인들이 모으고 쌓을지라도 결국 그들의 소유는 하나님을 기쁘시게 하는 자들에게 돌아갔던 것이다.

물론 매번 그런 일이 일어나지는 않는다. 타락한 세상의 덧없음 중 하나는 많은 죄인이 잘 먹고 잘 사는 것처럼 보이는 반면 의로운 자들은 종종 불행을 겪는 것이다. 하지만 늘 그렇지는 않을 것이다. 예수님께서 약속하셨듯이 역사의 종말에 온유한 자는 정녕 땅을 기업으로 받을 것이다(마 5:5).

우리에겐 우리 일에 대한 상이 있다. 단순히 노동의 열매가 아니라 노동 그 자체가 상이다. 하나님은 우리에게 선한 일을 주셨다. 예수님께서 이미 우리의 구원이라는 어려운 일을 이루셨음을 알기에 우리는 이 선한 일을 한다.

예수 그리스도는 일하는 분이셨다(요 4:34, 5:17 참조). 그분을 이런 관점에서 보는 것은 우리 일에 대한 태도에 변혁적 효과를 가져올 수 있다. 특히 예수님이 십자가에서 들어 올리신 그 무거운 중량을 생각해 보라. 거기서 그분은 죽음이라는 방법으로 우리 죄의 온전한 무게를 짊어지셨다. 신학자들은 이를 가리켜 '그리스도의 성취 사역'이라 부른다.

오늘도 예수님은 교회의 사역을 통해 일하고 계신다(요 9:4; 행 1:1; 엡 4:12 참조). 그리고 우리는 하나님을 찬송하고, 이웃을 사랑하며, 복음을 전하고, 하나님 나라의 도래를 위해 기도함으로써 이 선한 일에 동참한다. 또한 일상의 임무를 수행함으로써 하나님께 영광을 돌리는 방식으로도 이 선한 일에 동참한다. 이 모두가 하나님 나라의 사역이다. 마르틴 루터가 말했듯이 "교회뿐 아니라 가정과 부엌과 지하실과 작업장과 논밭이, 즉 온 세상이 하나님을 향한 섬김으로 가득하다(해야 한다)."[15] 루터의 목록에 우리는 강의실, 작업실, 연구실, 사무실(혹은 책을 읽고 노트북을 쓰기 좋아하는 장소 어디든) 등을 추가할 수 있다.

하나님이 당신에게 주신 일에서 하나님의 능력을 발견하고 있는가? 토머스 휴스(Thomas Hughes)는 그의 소설 『톰 브라운의 학창시절』(Tom Brown's Schooldays)에 하나님 나라 사역의 기쁨을 담았다.

톰의 기숙사 친구 중 하나인 조지 아서(George Arthur)는 생명을 위협하는 열병에 걸린 허약한 소년이다. 아서는 다른 소년들처럼 달리거나 기어오르거나 놀거나 싸울 만큼 튼튼하지 못하다. 병에 걸려 있는 동안 아서는 자기가 다른 사람들처럼 일하지 못하게 될까 봐 두려워한다. 그러던 어느 날 밤 그의 마음을 기쁨으로 가득 채워 주는 꿈을 꾸게 된다. 그것은 바로 일의 구속(救贖)에 대한 환상이었다.

> 큰 강의 다른 기슭에서 나는 남녀들과 아이들을 보았다. 그들의 얼굴에서 눈물이 씻겼다. 그들은 영광과 능력의 옷을 입고 있었다. 모든 고단함과 고통이 사라졌다. 그리고 그들은 위대한 일을 했다. 그들 모두가 일했다. 각자가 다른 방식으로 일했지만, 모두가 같은 일을 했다. 나는 내 모습과 톰을 보았다. 거기서 나도 일하며 노래하고 있었다.[16]

지금 당장 무슨 일을 하고 있든, 남은 생애 동안 무엇을 하려고 계획 중이든, 당신은 예수 그리스도의 위대한 일로 바쁘게 일하고 있는가? 각자 다른 방식으로 일하지만, 모두가 동일한 일의 일부로 하나님께 영광을 돌린다. 그러므로 "견실하며 흔들리지 말고 항상 주의 일에 더욱 힘쓰는 자들이 되라. 이는 너희 수고가 주 안에서 헛되지 않은 줄 앎이라"(고전 15:58).

Why Everthing Matters

# 5.  하나님의 시간표

하나님이 모든 것을 지으시되 때를 따라 아름답게 하셨고
또 사람들에게는 영원을 사모하는 마음을 주셨느니라.
그러나 하나님이 하시는 일의 시종을 사람으로 측량할 수 없게 하셨도다

**전 3:11**

우리는 전도서의 솔로몬이 존재의 덧없음에 대해 이야기한 뒤 시간에 대해서도 실망스런 말을 할 거라 예상한다. 이를테면 시간은 우리가 하고 싶은 일을 다 할 만큼 충분하지 않다거나 마지막 1초까지 우리 인생을 통제하는 시간의 횡포에 대해 말할 거라고 말이다. 이에 대해 로마제국의 극작가 플라우투스(Plautus)는 그 시대의 최신 시간 계측 장치에서 받는 스트레스를 한탄하며 다음과 같이 말했다. "신들이여, 나의 하루하루를 자르고 난도질해서 무참히 조각내버린 … 그 사람을 좌절시키소서. 이곳에 해시계를 세운 그의 뜻을 꺾으소서."[1]

전도서를 쓴 전도자가 시간에 대해 무엇을 말하겠는가. 아마도 그는 시간이 덧없이 흘러간다든지, 우리가 시간을 낭비하고 있다든지 등을 말할 것이다. 아니면 미국의 교육자 호러스 만(Horace Mann)이 쓴 광고 문구처럼 시간은 한번 가고 나면 돌이킬 수 없다고 이야기할 것이다. "어제 일출과 일몰 사이 어디에선가 분실함. 황금 같은 2시간이고, 각각 다이아몬드 같은 60초가 박혀 있음. 영원히 가 버렸기에 보상은 없음."[2] 이와 같이 시간의 수수께끼는 프랑스 철학자 파스칼(Pascal)에게 주었던 그 덧없음에 대한 염려를 코헬렛에게도 주었을 것이다.

내 인생이 그것의 앞뒤에 놓인 영원에 파묻힌 채 얼마나 짧게 머물다 가는지 생각할 때, 내가 알지 못하는, 그리고 나를 알지 못하는 무한한 우주 공간에 싸인 채 내가 느끼고 보는 저 작은 공간을 생각할 때 나는 두려움과 놀라움 속에 남겨진다. 내가 저기가 아닌 여기에 있어야 할 이유가 없기 때문이다. 나를 여기에 두는 이는 누구인가? 왜 그때가 아닌 지금인가?[3]

## 모든 일에 때가 있다

이 말은 모두 전도자가 했을 법한 말들이지만 그는 그러지 않기로 결심했다. 그 대신 시간을 주제로 삼아 세상에서 가장 유명한 시를 지어서 하나님의 질서정연하심을 찬양했다. 버즈(The Byrds, 1964년에 결성된 미국의 록밴드-역주)가 히트곡 '턴, 턴, 턴'(Turn, Turn, Turn)을 부르기 한참 전에 코헬렛의 가사는 인간의 마음속에 민감한 반향을 일으켰다.

범사에 기한이 있고 천하만사가 다 때가 있나니

날 때가 있고 죽을 때가 있으며

심을 때가 있고 심은 것을 뽑을 때가 있으며

죽일 때가 있고 치료할 때가 있으며

헐 때가 있고 세울 때가 있으며

울 때가 있고 웃을 때가 있으며

슬퍼할 때가 있고 춤출 때가 있으며

돌을 던져 버릴 때가 있고 돌을 거둘 때가 있으며

안을 때가 있고 안는 일을 멀리할 때가 있으며

찾을 때가 있고 잃을 때가 있으며

지킬 때가 있고 버릴 때가 있으며

찢을 때가 있고 꿰맬 때가 있으며

잠잠할 때가 있고 말할 때가 있으며

사랑할 때가 있고 미워할 때가 있으며

전쟁할 때가 있고 평화할 때가 있느니라(전 3:1-8).

모든 사람이 이 시의 아름다움을 인지함에도 불구하고 어떤 학자들은 이 시의 관점이 비관적이라고 믿는다. 전도자가 시간의 횡포라는 덫에 걸려 시간에 매인 자신의 신세를 숙명으로 받아들이고 있다는 것이다. 그래서 어느 주석가는 전도서 3장에 대해 다음과 같은 표제를 단다. "독단적인 하나님에 대항하는 싸움의 절망스러움."[4] 거기에 나오는 전도서의 하나님은 영국의 시인이자 소설가인 토마스 하디(Thomas Hardy)가 이야기한 신, 즉 "이 부질없는 쇼의 핸들을 돌리는 어

리석고 우매한 몽상가" 같다.[5]

그럼에도 기억하라. 전도서 2장은 하나님이 임재하시는 곳, 즉 우리가 인생의 축복을 하나님의 선물로 받아들이는 곳에서 발견하는 즐거움을 선포하는 것으로 마친다. 더불어 전도서 3장 11절의 강한 긍정에 주목하라. "하나님이 모든 것을 지으시되 때를 따라 **아름답게** 하셨고"(강조는 필자가 한 것). 숙명론자가 되는 것과는 거리가 한참 멀다. 전도자는 시간과 영원을 다스리는 하나님의 주권을 아름답다고 찬양한다.

## 아버지께서 주관하신다

전도자가 인생의 모든 순간을 "하늘 아래" 놓는다는 사실에 주목하라. 이것은 그가 종종 사용하는 "해 아래"보다 더 긍정적이다. 시간에 매인 이 우주의 만물이 하늘에 계신 하나님의 권위 아래 있다. 왕이신 하나님께서 시간과 시간 안에 발생하는 모든 것을 다스리신다. "**범사**에 기한이 있고 천하**만사**가 다 때가 있나니"(전 3:1, 강조는 필자가 한 것). 즉 하나님의 뜻을 벗어나서 발생하는 사건은 아무것도 없다.

코헬렛의 시는 여러 쌍의 대조로 하나님의 주권의 범위를 강조한다. 각 쌍마다 **메리즘**(merism, 두 가지 극단이 전체를 구성하는 문학 기법)을 형성한다. 종합하면 출생과 사망이 인간 존재의 전체를 구성하고, 울음과 웃음이 인간 감정의 전 범위를 다루는 식이다.

또한 목록이 전반적으로 포괄적이다. 전부 열네 쌍인데, 그것은 성경에서 완전과 완성을 뜻하는 숫자(7)의 갑절이다. 뿐만 아니라 출생과 사망, 전쟁과 평화, 그리고 그 사이의 모든 것을 다루는 대조 자체가 인간 존재의 전 범위를 포함시킨다.

하나님은 우리의 매일 매 순간을 다스리시고, 그분이 하시는 일에는 뚜렷한 질서정연함이 있다. 그분의 통치는 연대기를 갖는다. 하나님의 경륜(經綸)에는 "만사가 다 때가 있다." 만사가 일어나기에 알맞은 경우와 적절한 기회가 있다는 것이다. 즉 입학할 때가 있고 졸업할 때가 있다. 취직할 때가 있고 은퇴할 때가 있다. 머물 때가 있고 집에 갈 때가 있다. 이와 같은 관점은 숙명론과 거리가 멀다. 전도자는 발생하는 일에 대해 **우리가 할 수 있는 게 없다고 말하는 것이 아니다.** 그의 요점은 오히려 발생하는 일에 '적합함'이 있다는 것이다. 다시 말해 하나님은 꼭 맞는 때에 만사를 행하신다.

사람들은 보통 전도서 3장의 행위들을 사람이 하는 일로 생각하고, 마땅히 그렇다고 생각한다. 우리는 훌륭한 건물을 짓고, 웅장한 정원을 가꾸고, 많은 잠언을 모았던 바로 그 솔로몬 왕의 인생에서 이것을 증명할 수 있을 것이다. 하지만 이 시에 들어있는 활동들은 **하나님이 하신 일**이기도 하다. 즉 그것은 인간의 활동 이전에 신적인 행위다.

출생과 사망을 살펴보라. 이것은 모든 사람이 반드시 지켜야 하는 두 가지 약속이다. 즉 요람과 무덤 모두 하나님의 시간표를 따른다. 욥은 창조주께 아뢰기를, 한 사람의 "날을 정하셨고 그의 달수도 주께 있습니다."라고 했다(욥 14:5 참조). 생명의 주께서 사망을 다스리는 권세를 갖고 계시다. 이 땅에서 우리 존재의 시작과 지속과 종결이 모두 그분의 신적 권위 아래에 있다.

어떤 사람들은 일차원적 신성(神性)을 선호한다. 그들은 하나님을 생명을 주는 분으로 생각하지만 사망 시점을 정하는 분으로는 생각하지 않으려 한다. 뽑고 허는 분이 아닌 심고 세우는 분으로만 여기려 한다. 하지만 하나님은 둘 중 하나에만 해당되지 않으신다. 둘 다이시다. 각각의 때가 다를 뿐이다. 또한 전도서 3장은 우리에게 완벽한 그림을 준다. 하나님을 알고 그분 세상에서의 우리 자리를 이해하려면 각 쌍의 반쪽들이 그분의 성품에 관한 진리를 말해준다는 사실을 받아들여야 한다. 하나님께서 "천하만사가 다 때가 있게" 하신 이유는 이 시에 나온 만사(출생과 사망, 울음과 웃음, 사랑과 미움, 밀어냄과 포옹, 전쟁과 평화)가 알맞은 때에 그분이 누구신지를 온전히 드러내기 때문이다.

### 완벽한 타이밍

하나님의 절묘한 타이밍을 가장 분명하게 볼 수 있는 곳은 바로 예수 그리스도의 인격과 사역이다. 전능하신 하나님의 성품을 가르침에 있어서 전도서 3장의 서정시 역시 모든 신적 완벽함을 가지신 성자 하나님을 보게 한다.

예수 그리스도는 시간의 주인이시다. 그분은 창조주 하나님으로서 창조의 흐름을 명령하셨다. 그리고 죽은 자 가운데서 부활하심으로써 시간과 영원에 대한 최고 권위를 가지고 우주를 다스리신다. 옛 찬송가의 한 구절을 인용하면, 그분은 "세월의 주인"이시고 "시간의 지배자"이시다.[6]

복음서에 소개된 예수님의 인생을 따라가다 보면 주님은 언제나 정확한 때를 아셨다는 사실을 깨닫는다. 그분이 태어나셔야 할 때가 있었다. 참으로 정확한 때였다. 성경은 "때가 차매 하나님이 그 아들을 보내사 여자에게서 나게 하시고"(갈 4:4)라고 말한다. 이방인들이 낡아빠진 이방신들을 섬기다가 싫증났을 때, 유대인들이 하나님의 율법을 지키려고 애쓰다 실패하여 지쳤을 때, 그리고 로마인들이 지중해를 건너는 (상대적으로) 안전하고 쉬운 여행길을 완성했을 때, 바로 그 최적의 때에 예수님께서 온 세상을 위한 구원의 메시지를 가지고 오셨다.

예수님의 죽음도 예정된 날이 있었다. 그분은 전날도, 다음 날도 아닌 정해진 바로 그날에 죽으셨다. 수년 동안 사람들은 예수님을 치려는 계획을 세워 왔고 가능한 한 빨리 죽이고 싶어 했지만 "그의 때가 아직 이르지 아니하였다"(요 7:30 참조). 그리고 마침내 때가 이르렀을 때 예수님은 갈보리에서 십자가형을 받으셨다. 거기서 헛되고 헛된 우리의 모든 죄를 위해 고난당하셨다. 성경은 "기약대로 그리스도께서 경건하지 않은 자를 위하여 죽으셨도다"(롬 5:6)라고 말한다. 또한 그분은 정확한 때에 부활하셨다. 성경이 약속했듯이(호 6:2; 눅 24:45-46; 고전 15:4 참조) 3일째 되는 날에 말이다. 탄생과 죽음과 부활에 이르기까지 예수님은 모든 구원 사역을 제때에 이루셨다. 결코 늦지도 빠르지도 않으셨고, 언제나 시간을 정확히 맞추셨다.

하지만 이것은 깜짝 놀랄 일이 아니다. 지상 사역을 하시는 내내 예수님은 모든 일에 딱 맞는 때가 있음을 알고 계셨다. 그분은 공생애를 "때가 찼다"는 선언으로 시작하셨다(막 1:15 참조). 그리고 모든 일을 아주 정확한 때에 진행하셨다. 예수님은 심을 때와 뽑을 때를 아셨다. "나는 포도나무요 너희는 가지라"(요 15:5) 말씀하셨을 때에는 제자들을 택하시어 하나님의 백성이라는 옛 포도원에 옮겨 심고 계셨다. 또한 추수의 주인으로서 "심은 것마다 내 하늘 아버지께서 심으시지 않은 것은 뽑힐 것"(마 15:13)이라고도 말씀하셨다. 예수님은 열매를 맺지 못하는 무화과나무를 저주하시며 자신의 신적 권능을 증명하셨다. 이튿날 아침 그 무화과나무는 뿌리째 말라 버렸다(막 11:12-14, 20-21).

예수님은 치료할 때도 아셨다. 하나님 나라의 이적을 행하시면서 그분은 저는 자를 걷게 하셨고, 귀먹은 자를 듣게 하셨으며, 눈먼 자를 보게 하셨다. 그분은 헐 때와 세울 때도 아셨다. 환전하는 자들을 성전 밖으로 쫓아내셨던 장면을 생각해 보라(눅 19:45). "주는 그리스도"시라는 베드로의 고백을 반석 삼아 그 위에 교회를 세우셨던 때도 그렇다(마 16:15-18, 7:24 참조).

예수님은 모든 감정에 적합한 때도 아셨다. 그래서 우실 때가 있었다. "간고를 많이 겪은"(사 53:3) 사람으로서 나사로의 무덤에서 슬퍼하셨고(요 11:35, 38), 예루살렘의 잃어버린 양을 위해 선한 목자의 눈물을 흘리셨다(눅 19:41-44; 마 9:36 참조). 하지만 웃으며 춤추실 때도 있었다. 제자들이 첫 전도 여행에서 돌아와 하나님 나라의 사역을 어떻게 했는지 말씀드렸을 때 예수님은 성령님 안에서 기뻐하셨다(눅 10:21).

인격적인 인간관계에서 예수님은 잃어버린 양을 찾을 때와 그분의 음성 듣기를 거부하는 염소를 잃을 때를 아셨다. 그래서 자신에게 구주가 얼마나 필요한지 알던 세리와 창녀와 다른 불쌍한 죄인들을 포용하셨지만 서기관들과 바리새인들, 그리고 자기가 하나님 앞에 충분히 의롭다고 주장하는 교만한 사람들은 포용하지 않으셨다.

예수님은 말할 때와 잠잠할 때를 아셨다. 그분은 많은 말로 비유를 말씀하시고, 율법을 설명하시고, 복음을 설교하셨다. 하지만 그분의 목숨이 걸린 재판에서는 자기를 변호하는 말을 하지 않으시고(마 27:14) 결백함에도 침묵해야 하는 고통을 견디셨다. 그때는 잠잠할 때였기 때문이고, 이로써 구약의 예언이 성취되었다. "그가 도살자에게로 가는 양과 같이 끌려갔고 털 깎는 자 앞에 있는 어린 양이 조용함과 같이 그의 입을 열지 아니하였도다"(행 8:32; 사 53:7; 벧전 2:21-23 참조). 이와 같이 예수님은 죽는 날까지 모든 일에 딱 맞는 때가 있음을 알고 계셨다. 처음부터 끝까지, 시간과 영원을 다스리시는 하나님의 주권이 예수 그리스도의 삶과 사역 안에 완벽하고도 영광스럽게 드러났다.

### 우리의 앞날은 하나님 손에 있다

예수님은 지금도 어느 때인지를 아신다. 믿어지는가? 예수님은 사랑할 때를 아시기에 구주가 되어 달라고 간구하는 불쌍한 죄인들에게 자비를 보이신다. 미워할 때를 아시기에 악과 불의에 대항하신다. 전쟁할 때를 아시기에 주님의 교회는 사탄과 하나님의 원수들에 맞서 싸운다. 이윽고 평화의 때가 올 것이다. 그때는 "땅끝까지 전쟁을 쉬게 하실" 때이고(시 46:9), 피조물이 썩어짐의 종노릇한 데서 해방되어(롬 8:20-21) 다시는 해 아래에서 인생의 공허함을 겪지 않게 될 것이다.

한편 예수님은 우리에게 매 순간을 최대한 활용하라고 말씀하신다. 그분이 시간의 주인 되심은 세계사의 굵직한 사건들만을 위해서가 아니라 우리의 일상 경험을 위해서이기도 하다. 인생의 덧없음을 피하는 가장 좋은 방법은 우리의 시간을 어떻게 보낼지 아는 것이다. 우리가 시간을 보내는 방법은 곧 우리가 인생을 보내는 방법이라 할 수 있다. 그러므로 우리가 예수 그리스도를 따른다면 지금이 어느 때인지 알아야 한다. 시(時)와 일(日)로 시간을 측정하는 게 아니라 모든 시간을 하나님을 섬기는 기회로 보아야 한다. 이 시를 그리스도인의 삶에 적용할 수 있는 실제적인 방법이 몇 가지 있다.

첫째, **하나님의 때를 기다리라.** 우리 구주께 완벽한 타이밍이 있는 것이 분명하다면, 그분께서 모든 일에 딱 맞는 때가 있음을 아신다고 신뢰해야 한다. 다윗 왕이 "항상 주를 찬양"(시 34:1)할 수 있었던 이유는 지금이 어느 때이든 여전히 하나님께서 다스리신다는 것을 알았기 때문이다. 우리는 대개 자기 일을 자기 스스로 다루고 싶어 하며, 그것이 우리로 하여금 성급하게 하나님의 타이밍을 비난하게 만든다. 우리가 생각하는 시간표를 고집하지 말고 다윗이 "여호와여, … 나는 주께 의지하고 … 나의 앞날이 주의 손에 있사오니"(시 31:14-15)라고 말하면서 보여 준 것처럼 서두르지 말고 하나님을 기다려야 한다.

**당신의 앞날을 기꺼이 하나님 손에 맡기겠는가?** 임신 중절 반대주의자 샤메인 크루스 요스트(Charmaine Crouse Yoest)의 증언을 생각해 보라. 그녀는 '타임'(TIME)지와의 인터뷰에서 너무나 외로워서 눈물을 흘리며 파티를 떠났던 경험에 대해 말했다. 하나님의 섭리 안에서 그날

밤 그녀가 만났던 사람 중 하나가 그녀의 남편이 될 거라는 사실을 모른 채 말이다.[7] 그러므로 하나님의 타이밍이 끝났다고 생각하지 말고, 하나님께서 처음부터 끝까지 모든 것을 알고 계심을 신뢰해야 한다.

4세기경에 쓰인 작품에서 디두모(Didymus the Blind)는 하나님의 통치하심을 설명하기 위해 생생한 예화를 사용했다. 그는 우리를 큰 배를 탄 승객에 비유했다. 승객들은 선장을 만난 적이 없어도 선장이 배를 조종하고 있음을 믿는다. 디두모는 이렇게 썼다. "하나님은 우주를 경영하고 돌보신다. … 항로를 잘 유지하며 조종되고 있는 배를 볼 때, 당신은 조타수를 보지 못할지라도 그의 생각을 읽어 낸다. … 마찬가지로 창조주는 그분의 작품과 섭리의 질서로 알려진다."[8]

둘째, **죽을 때가 있음을 기억하며 살라.** 성경은 "한 번 죽는 것은 사람에게 정해진 것이요 그 후에는 심판이 있으리니"(히 9:27)라고 말한다. 그때가 올 때 당신은 준비되어 있을까? 많은 사람이 그렇지 못하다. 튀렌(Vicomte de Turenne, 루이 14세 시대의 군사령관-역주)은 1675년 잘즈바흐 전투에서 치명상을 입고 말했다. "오늘 죽으려던 건 아닌데."[9]

이와 달리 암스테르담 출신의 65세 과부는 철저히 준비되어 있었다. 2005년에 남편이 죽은 뒤 그녀는 조심스럽게 자신의 장례를 계획했고, 음악까지 선택해 두었다. 이듬해 어느 날 그녀는 남편이 묻힌 곳을 방문해서 가족묘 바로 옆에 누워 사망했다. 그 여인의 이름이 이미 묘비명에 새겨져 있었고, 그녀의 유지는 핸드백 속에서 발견되었다.[10]

이 여인보다 죽을 준비를 더 잘하기는 쉽지 않을 것이다. 물론 천국은 모든 믿는 자에게 주신 하나님의 약속이므로 그리스도를 믿는 사람은 사실상 누구나 언제든지 죽을 준비가 되어 있다. 당신은 영원을 위한 준비가 되어 있는가? 그렇지 않다면 지체할 시간이 없다. 예수 그리스도 안에서 영생이라는 선물을 값없이 받는 것에 관한 한 바로 이 순간만 한 때가 없다. "보라, 지금은 은혜 받을 만한 때요. 보라, 지금은 구원의 날이로다"(고후 6:2).

## 세월을 아끼라

마지막으로 **얼마의 시간이 있든 그 시간을 선용하라.** 사도 바울의 인상적인 구절을 사용하면 언제나 "세월을 아껴야" 한다(엡 5:16). 전도자로서 세월을 아끼는 최선책은 하나님을 예배하며 바쁘게 지내는 것이다. 그래서 그는 시를 낭송한 후 계속해서 말을 이어갔다. "사람들이 사는 동안에 기뻐하며 선을 행하는 것보다 더 나은 것이 없는 줄을 내가 알았고 사람마다 먹고 마시는 것과 수고함으로 낙을 누리는 그것이 하나님의 선물인 줄도 또한 알았도다"(전 3:12-13).

시간을 지혜롭게 사용하는 것은 쉽지 않다. 시간에 매인 우주 안에서, 시간과 영원 사이에 갇힌 우주 안에서 우리의 매 순간이 우리의 가장 소중한 원자재다. 시간이란 하나님께서 하나님 나라의 사역을 하라고 주신, 값을 매길 수 없을 만큼 귀한 통화다. 스티븐 올포드(Stephen Olford)는 시간을 가리켜 "엄숙한 청지기 정신에 따라 하나님께서 사람에게 주신 영원의 한 조각"이라고 했다.[11] 또한 시간은 어쩌다 보면 우리가 다루기에 가장 어려운 것 중 하나가 된다. 우리는 모두 매일 동일한 양의 시간을 받는다. 문제는 어떻게 사용할 것인가, 혹 낭비하고 있지는 않은가이다.

시간을 선용하는 최선책은 하나님의 영광과 예수 그리스도의 나라를 위해 사용하는 것이다. 설령 우리가 "하나님이 하시는 일의 시종을 … 측량할 수 없"을 지라도(전 3:11) 여전히 우리는 하루하루를 만들어가는 결정을 내린다. 나중에 코헬렛은 "지혜자의 마음"이란 "때와 판단을 분변"하는 마음이라고 이야기한다(전 8:5). 인생에는 무언가를 시작해야 할 때가 있다. 그리고 프로젝트, 인간관계, 사역 등 무언가를 끝내야 할 때도 있다. 그 차이를 분변하려면 지혜가 필요하기 때문에 그런 결정을 내리는 것이 인생에서 가장 어렵다.

예수님의 마음을 갖기 원한다면 "우는 자들과 함께 울" 때가 언제이고 "즐거워하는 자들과 함께 즐거워할" 때가 언제인지 알아야 한다(롬 12:15; 요 16:20 참조). 인간관계의 타이밍을 위해서는 지혜가 필요하다. 누군가를 포용할 때가 언제인지, 계획과 우선순위에서 제외시킬 때가 언제인지를 알아야 한다. 때에 맞는 말을 하거나(잠 15:23, 25:11 참조) 우리 속에 있는 소망에 관한 이유를 대답하는 것(벧전 3:15) 등 목소리를 내는 것이 중요한 때가 있다. 하지만 입을 다물어야 할 때도 있다. 침묵이 금인 순간, 즉 혀를 자제시키는 것이 나을 때가 있다(시 141:3; 잠 27:14; 약 1:26 참조).

세월을 아끼는 일은 우리의 소유물을 사용함에 있어서 지혜를 요구한다. 모을 때가 있고 흩을 때가 있다. 나중에 필요할지 모르니 보관할 때가 있고 다른 이가 사용하도록 내어줄 때가 있다.

누가 이 일에 충분하겠는가? "천하만사가 다 때가 있다"(전 3:1)면 세월을 아끼는 일은 지혜로운 결정력을 요구할 것이다. 우리는 하나님께 지금이 어느 때인지 묻는 법을 배워야 한다. 주여, 지금이 헐 때입니까, 세울 때입니까? 주님은 제가 이것을 사랑하기 원하십니까, 미워하기 원하십니까? 저는 지금 뭔가를 말하고 싶어서 말하고 있습니까, 아니면 정녕 말할 것이 있기 때문에 말하고 있습니까? 하나님께 도움을 구하라. 그러면 지금이 어느 때인지 알도록 지혜를 주실 것이다(약 1:5 참조).

조만간 예수님이 다시 오실 것이다. 성경은 "두 번째"(히 9:28)라고 말한다. 분명 예수님은 정확한 때에, 성부 하나님께서 예정하신 바로 그 시각에 오실 것이다(마 24:36). 그날이 오면 더 이상의 시간이 없을 것이고 영원에 대한 우리의 갈망이 채워질 것이다. 또한 우리는 영원히 하나님과 함께 있을 것이다. 지혜롭게도 우리는 모세의 기도대로 기도한다. "우리에게 우리 날 계수함을 가르치사 지혜로운 마음을 얻게 하소서"(시 90:12).

Why Everthing Matters

# 6.　　　　　　　죽음과 불의

다 흙으로 말미암았으므로 다 흙으로 돌아가나니 다 한 곳으로 가거니와 …
내가 다시 해 아래에서 행하는 모든 학대를 살펴보았도다.
보라, 학대받는 자들의 눈물이로다. 그들에게 위로자가 없도다

전 3:20, 4:1

영국의 수필가이자 소설가인 줄리언 반스(Julian Barnes)만큼 높이 평가되는 동시대 작가도 드물다. 그는 『플로베르의 앵무새』(Flaubert's Parrot), 『예감은 틀리지 않는다』(The Sense of an Ending) 외에도 여러 수상작을 썼다. 2013년에는 『사랑은 그렇게 끝나지 않는다』(Levels of Life)를 출간했는데, 그 책은 사랑하는 아내의 죽음 이후에 집필한 가슴 아픈 회고록이었다.

이후에 출간한 또 다른 회고록에서 그는 자기가 죽음을 두려워했다고 인정했다. 이 고백이 좀 당황스러운 이유는 불가지론자인 반스가 죽음은 두려워할 게 아니라고 생각했기 때문이다. 그의 논리에 따르면 하나님과 죽음 이후의 삶 따위를 믿을 만한 합당한 이유가 없다면 (그의 회고록의 제목대로) **두려워할 게 전혀 없다.**

하지만 그 회고록에서 반스는 자신이 죽음을 **두려워했다**고, 필사적으로 두려워했다고 솔직히 인정했다. '뉴욕 타임스 북 리뷰'(The New York Times Book Review)는 이러한 저자의 상태를 **죽음공포증**(thanatophobia)으로 진단했다. 반스는 자신이 매일 죽음에 대해 생각한다고 인정했다. 때로는 밤에 "소리를 지르며 깬다"고, "자는 동안 암흑과 공포 속

으로 내던져진다"고, 그리고 "분열된 세계라는 그릇된 인지를 하게 된다"고 했다. 잠에서 깨어나 지독한 외로움에 휩싸였을 때에는 주먹으로 베개를 치며 "아니야, 아니야, 정말 아니라고!" 울부짖는 자신을 발견했다.

그의 꿈은 훨씬 더 암울했다. 그는 종종 산 채로 무덤에 묻혔다. 때로는 "쫓기고 포위당하는데 상대편의 수가 압도적이었다." "인질로 잡히고, 부당하게 총살형을 선고받고," 생각보다 "훨씬 시간이 없다는 통지를 받았다." 이 모든 것을 그는 "흔한 경험"이라 부른다.[1] 이것이 **흔한 경험**인 이유는 아마도 죽음이 우리의 모든 두려움(외로움, 버림받음, 비난받음)의 절정이기 때문일 것이다.

### 비정한 사회

한밤중에 잠에서 깼을 때 **당신은 무엇이 두려운가?**

전도서는 우주의 의미, 신의 존재, 내생(來生)에 관해 누구라도 물을 수 있는 가장 어려운 질문을 던짐으로써 우리의 모든 두려움에 용감히 맞선다. 이제까지 전도서의 솔로몬은 인간 지식의 한계를 시험하고, 도덕적 의무를 다하려 노력하고, 많은 쾌락을 탐닉하고, 자기 일에도 빠져 보았다. 자기의 세상을 이해하기 위해 할 수 있는 일은 전부 다 시도해 보았다. 그리고 전도서 3장 말미에서 저자는 이제 죽음이라는 어려운 문제를 다룬다. 그는 세상의 온갖 불의에 대해, 최후 심판 때 하나님께서 바로잡으시기를 바라는 자신의 갈망에 대해 생각했다. 하지만 저 크고 두려운 날에 대해 생각하는 것은 자연스럽게 죽음 이후 무슨 일이 일어날지에 대한 궁금증을 야기했다.

코헬렛의 논리를 따라가 보자. 이것은 전도서 3장 16절에서 시작한다. "내가 해 아래에서 보건대 재판하는 곳 거기에도 악이 있고 정의를 행하는 곳 거기에도 악이 있도다." 앞서 살펴보았듯이 "해 아래에서"라는 문구는 "하나님과 그분의 길에 대한 감사나 고려 없이 오직 자아와 순간만을 위해 사는 인생의 무익함과 부질없음"[2]을 묘사하기 위해 취해졌을 것이다. 이 경우 우리가 "해 아래에서" 보는 것은 만연한 불의다. 스코틀랜드 시인 로버트 번스(Robert Burns)의 유명한 말처럼 "인간에 대한 인간의 비인간성"이다.[3]

코헬렛의 말은 정의를 부르짖던 성경 속 선지자들의 이야기처럼 들린다. 모든 불의의 종결은 인간 정서의 가장 깊은 갈망 중 하나다. 이 경우의 특별한 문제점은 "정의를 행하는 곳"조차 부당하다는 것이다.

사람들이 정의를 경험하는 바로 그곳이 부당함의 장소로 밝혀진다. 무고한 사람들이 짓지도 않은 죄로 유죄 판결을 받는다. 그들은 부적절한 시간에 부적절한 장소에 있었거나, 잘못된 편에서 잘못된 색깔을 취한 것인지 모른다. 사람들은 거짓말과 속임수와 도둑질을 한다. 때로는 살인을 하고 도주하기도 한다. 그들에겐 더 좋은 변호사를 고용할 돈이 있다. 아니면 돈과 운이 없는 사람들을 이용해 먹는 대형 기관의 구조 뒤에 숨는다. 너무나 부당하다.

설상가상으로 해결책이 없다. 전도자는 불의가 처벌받지 않는 것에 좌절한다. 정의의 전당이 부패의 회랑이 된다면 어디에서 공정함을 발견할 수 있을까!

전도서 4장 도입부에서 전도자는 이 주제를 다시 검토한다. "내가 다시 해 아래에서 행하는 모든 학대를 살펴보았도다. 보라, 학대받는 자들의 눈물이로다. 그들에게 위로자가 없도다. 그들을 학대하는 자들의 손에는 권세가 있으나 그들에게는 위로자가 없도다"(전 4:1). 이 논리에 의하면 세상에는 두 종류의 사람이 있다. 바로 학대받는 자들과 학대하는 자들이다. 당연히 학대하는 자들이 모든 이권을 독식한다. 권세는 온통 그들 편이고, 그들에게 희생된 자들에게는 눈물 외에 남는 것이 없다.

이것은 분쟁이고 하나님은 그중 한쪽을 편드신다는 사실을 알라. 하나님은 불의에 찬성하지 않으신다. 모든 권세로 불의의 반대편에 서신다. 우리는 이 사실을 성경 속 선지자들에게서 보고 또 본다. 아모스는 "힘 없는 자를 학대하며" "가난한 자를 압제하는" 사람들을 향해 설교했다(암 4:1 참조). 에스겔은 이방인을 학대하는 것에 대해 경고했다. 스가랴는 고아와 과부와 나그네와 궁핍한 자를 보호하는 것을 옹호했다(슥 7:9-10).

하나님 편에서 말하는 구약의 선지자들은 우리가 오늘날 도처에서 목격하는 수많은 죄악들도 언급한다.

가난한 자가 더욱 가난해지는 것, 이민자가 고상한 직업을 가지려고 몸부림치는 것, 법이 불공평하게 집행되는 것, 학교 제도가 학생들을 망치는 것, 남편들이 아내를 학대하는 것…. 그리고 더 큰 죄악이 있다. 대량 학살, 테러리즘, 성매매, 거리의 아이들…. 슬프게도 세상에는 너무 많은 불의가 있다!

전도자는 무슨 일이 벌어지는지 보고 누군가 학대받는 자들을 위로하고 그 눈물을 닦아 주기를 간절히 바랐다. 착취하는 문화 속에서도 그는 불의의 희생자들을 위로하기 원했다. 아무도 위로할 수 없다는 사실을 두 번이나 비통해했다.

예수 그리스도의 삶에서도 우리는 이와 동일하게 거룩한 반응을 본다. 예수님은 학대가 이루어지는 모든 상황을 비통해하셨다. 이스라엘의 잃어버린 양을 위해 눈물을 흘리셨다(마 9:36). 동시에 예수님은 학대하는 자들에게 분노하셨다. 성전에서 환전하는 자들에게 하셨던 분노의 말을 생각해 보라(눅 19:45-46 참조).

오늘날 우리는 비통함과 분노 사이에서 동일한 좌절감을 느낀다.

'라나'의 이야기를 알고 있는가? 열아홉 살 이집트 소녀인 라나는 독실한 무슬림 가정에서 자랐다. 라나는 기독교를 경멸하라는 가르침을 받았는데, 어느 날 학교 친구가 복음을 전파하는 라디오 프로그램을 들어 보라고 권유했다. 그 프로그램을 들으면 들을수록 라나는 지금까지 배워 온 것처럼 예수님이 그저 메신저에 불과한 것인지에 대해 의심하기 시작했다. 결국 라나는 성경을 읽게 되었고, 예수 그리스도가 진실로 살아계신 하나님이심을 명확히 고백하게 되었다.

그러나 예수님을 구주이자 주님으로 영접했을 때, 슬프게도 라나는 가족으로부터 공격을 당했다. 아버지는 그녀를 구타했다. 어머니는 더 이상 가족 식사에 동석하지 못하게 했다. 결국 가족들은 라나가 죽은 것이나 다름없다고 선언했다. 심지어 그녀를 집 밖으로 내친 이후에도 계속 그녀를 박해했다. 다른 이도 아닌 그녀의 가족이 그녀를 납치해서 뼈가 부러지고 정신을 잃을 때가지 때렸다.[4]

이것이 해 아래에서 우리가 보는 바다. 우리 힘으로는 막을 수 없는 박해다. 그렇다면 우리는 어떻게 반응해야 하는가? 이 모든 고통이 어떻게 우리의 신학과 조화되는가? 하나님이 선하시다면 왜 이토록 많은 나쁜 일들이 일어나는가?

### 공의로 심판하신다

전도서의 저자는 불의의 문제에 좋은 답을 내놓으며 마음속으로 다음과 같이 말했다. "의인과 악인을 하나님이 심판하시리니 이는 모든 소망하는 일과 모든 행사에 때가 있음이라"(전 3:17).

여기서 우리는 전도자가 자신의 설교를 자기 마음속에 적용하는 것을 본다. 그는 자기가 예전에 가르쳤던 영적 원리를 불의라는 이슈에 적용한다. 범사에 기한이 있고 "천하만사가 다 때가 있다"(전 3:1)면 틀림없이 정의를 위한 때도 있을 것이다. 그러므로 세상의 모든 학대에 대해 그저 분노하고 비통해하는 것이 아니라 결국에는 하나님께서 바로잡으실 것을 신뢰할 수 있다.

이 말은 결코 우리가 정의를 추구할 필요가 없다는 뜻이 아니다. 사회에서의 위치(특권적 지위, 영향력 있는 자리, 하나님께 받은 권위)에 따라 교회 안과 더 넓은 세상에서 학대에 대항하여 싸우는 것이 우리의 의무다.

물론 우리가 최선의 노력을 한다 해도 모든 학대에 종말을 가져오지는 못할 것이다. 여전히 여성과 어린이를 대상으로 한 폭력이 존재할 것이고, 비즈니스, 정부, 심지어 법 집행의 부패 구조도 존재할 것이다. 하지만 우리에게는 해결할 권력도, 권위도, 지혜도 없는 이 모든 상황 속에서 하나님이 반드시 정의를 이루실 것이다.

우리의 확신은 사법제도가 아니라 최고의 재판관이신 하나님께 있다. 하나님은 예수님이 의인과 악인을 심판하실 날을 약속하셨다(행 17:30-31). 징벌을 위해 예정된 최후 심판 날에 하나님의 아들이신 예수 그리스도께서 인간에게 최후 판결문을 주실 것이다. "세상을 심판하시는 이가 정의를 행하실 것이 아니니이까"(창 18:25). 진실로 악인은 영벌에 들어갈 것이고(마 25:41-46) 의인은 모든 눈물을 닦아 주시는(계 21:4) 하나님의 영에 의해 위로를 받을 것이다. 솔로몬이 전도서 맨 마지막에도 말하듯 "하나님은 모든 행위와 모든 은밀한 일을 선악 간에 심판하실 것이다"(전 12:14 참조). 예수 그리스도께서 최종적인 정의를 가져오실 것이다.

그러므로 우리는 그분의 위대한 날에 대한 확실한 소망과 분명한 기대 속에서 산다. 불의(우리에겐 막을 힘이 없는 학대 행위들)를 목격할 때마다 공의를 위해 기도하고 그 문제를 하나님 손에 맡긴다. 이것은 하나님의 약속에 대한 믿음과 그분의 때를 기다리는 인내가 요구된다. 우리가 할 수 있는 유일한 일이 울부짖는 것뿐일 때가 있다. "거룩하고 참되신 대주재여 땅에 거하는 자들을 심판하여 우리 피를 갚아 주지 아니하시기를 어느 때까지 하시려 하나이까"(계 6:10).

하지만 예수님은 우리가 밤낮으로 기도할 때 하나님께서 "속히 그 원한을 풀어 주시리라"(눅 18:8) 약속하셨다. 그 약속의 성취가 오래 걸릴 것처럼 보인다면 선지자들의 말을 기억해야 한다. "비록 더딜지라도 기다리라. 지체되지 않고 반드시 응하리라"(합 2:3).

## 흙에서 흙으로

정의가 올 것을 믿는다 해도 그것이 지체되는 이유에 대해서는 여전히 의아하다. 물론 하나님께서 종국에 모든 것을 바로잡으시겠지만, 왜 지금 당장 그들을 심판하지 않으시는 걸까? 왜 최후 심판의 날까지 기다리실까?

전도자는 이 질문에 대해서도 합리적인 답을 주었다. "내가 내 마음속으로 이르기를 인생들의 일에 대하여 하나님이 그들을 시험하시리니 그들이 자기가 짐승과 다름이 없는 줄을 깨닫게 하려 하심이라"(전 3:18).

우리의 현 존재는 시험대, 즉 하나의 테스트다. 통과냐 불통과냐의 문제일 뿐 아니라 우리의 진짜 성품을 증명하는 문제이기도 하다.[5] 인생의 목적 중 하나는 우리와 하나님과의 관계를 면밀히 살펴서 결국 밝히 드러내는 것이다. 이 테스트는 마치 하나님께서 미처 모르셨던 우리의 모습이 있음을 알려 드리는 것처럼 하나님의 편의를 위한 것이 아니다. 바로 우리의 편의를 위한 것이다. 죽을 수밖에 없음을 깨닫기 위함이다.

우리가 정말 우리의 진짜 모습을 보는 법을 배우게 될까? 이것은 정의 구현의 기다림이 우리 각 사람 앞에 둔 탐색 질문이다.

전도서는 우리가 짐승이라고 말함으로써 우리의 정체성을 밝히고 있다. 우리에 관한 생물학적 논평이 아니다. 우리의 운명에 관한 논평이다. 전도자가 그것을 설명하는 방법은 이러하다. "인생이 당하는 일을 짐승도 당하나니 그들이 당하는 일이 일반이라. 다 동일한 호흡이 있어서 짐승이 죽음같이 사람도 죽으니 사람이 짐승보다 뛰어남이 없음은 모든 것이 헛됨이로다. 다 흙으로 말미암았으므로 다 흙으로 돌아가나니 다 한 곳으로 가거니와"(전 3:19-20).

이것은 죽음의 불가피성을 강하게 진술하는 성경구절 중 하나이며 동급 최강이다. 짐승은 살아 있는 피조물이다. 그들도 우리처럼 창조주에게 생명과 호흡을 부여받았다. 하지만 이 생명은 영원히 지속되지 않을 것이다. 우리 모두에게 마지막 숨을 내쉴 날이 올 것이다. 그리고 그 마지막 호흡과 함께 같은 곳으로 갈 것이다. 흙으로 돌아갈 것이다. 전도자는 이 언어를 사용함으로써 아담의 죄에 대한 하나님의 저주를 상기시키고 있다(창 3:19). "너는 흙이니 흙으로 돌아갈 것이니라." 인정사정없는 이 세상에서 우리는 짐승보다 나을 게 없다.

코헬렛은 전도서 6장에서 다시 이 주제로 돌아온다. 그리고 우리의 운명을 낙태된 아이의 운명에 비유한다.

> 사람이 비록 백 명의 자녀를 낳고 또 장수하여 사는 날이 많을지라도 그의 영혼은 그러한 행복으로 만족하지 못하고 또 그가 안장되지 못하면 나는 이르기를 낙태된 자가 그보다는 낫다 하나니 낙태된 자는 헛되이 왔다가 어두운 중에 가매 그의 이름이 어둠에 덮이니 햇빛도 보지 못하고 또 그것을 알지도 못하나 이가 그보다 더 평안함이라. 그가 비록 천 년의 갑절을 산다 할지라도 행복을 보지 못하면 마침내 다 한 곳으로 돌아가는 것뿐이 아니냐(전 6:3-6).

죽을 수밖에 없다는 가혹한 필연성에 어떻게 반응해야 할까? 우리는 죽음을 능가할 만한가? 트라피스트회 수사들의 관습 중 하나는 함께 무덤을 파는 것이다. 그들은 매일 묘지에 가서 끄트머리를 응시하고 죽음을 묵상한다. 그들 중 하나가 죽으면 그들은 그의 시체를 무덤에 내리고 흙으로 덮는다. 그리고 누가 다음에 죽을 자인지 모른 채 새 무덤을 파고 그 의식을 다시 시작한다.[6]

모두가 그렇게 실제적인 방법으로 죽음에 반응하지는 않는다. 우디 알렌(Woody Allen)처럼 웃어 넘기려는 사람들도 있다. "나는 죽음이 두렵지 않다. 다만 죽음이 발생했을 때 거기 있고 싶지 않을 뿐이다!"라는 그의 말은 유명하다. 하지만 줄리언 반스처럼 많은 사람이 **두려워한다.** 밤에 대한 공포가 있고, 인생의 참된 의미나 영원한 소망을 발견하지 못한 것에 대한 절망감이 있다.

전도자는 지금 그 필사적인 지점에 있다. "모든 것이 헛됨이로다"(전 3:19). 그가 말했다. 모든 사람이 죽는다면 인생은 아무 의미도 없다. 리비아 소프라노(Livia Soprano)에게 물어보라. TV 속 캐릭터인 그녀는 냉담하게 손자에게 말했다. "결국 너는 네 품에서 죽을 거야. … 인생은 그저 커다란 허상(虛像)인 거지."[7]

## 죽음 이후의 삶

잠시나마 최후 심판에 대한 기대가 불의의 문제를 해결할 것처럼 보였다. 하지만 그러한 기대는 일시적인 해법이다. 전도자가 하나님의 정의가 늦춰지는 이유에 대해 더 깊이 고찰하고, 죽을 수밖에 없는 자기 존재의 의미를 생각하기 시작했을 때, 그는 결국 출발점으로 되돌아가고 말았다. 다시 시작이다. 헛되고 헛되며 헛되고 헛되니 모든 것이 헛되다!

그럼에도 전도자는 죽음에 직면해서 차이를 만들 수 있는 한 가지를 알고 있었다. 우리의 육체는 흙으로 돌아갈지라도 우리의 영혼은 영원히 살 것이라는 사실이다. 그것은 학대하는 자들이 정의 앞에 나오게 되리라고 우리를 안심시켜 줄 것이다.

문제는 죽음 이후의 삶을 믿을지 말지 그가 확신하지 못했다는 것이다. "인생들의 혼은 위로 올라가고 짐승의 혼은 아래 곧 땅으로 내려가는 줄을 누가 알랴"(전 3:21). 짐승이 죽으면 그냥 죽는 것이고 사람이 죽으면 그 영혼이 천국에 올라간다는 통념을 전도자도 들어 봤던 것이 분명하다. 하지만 그는 의심하기 시작했다. 그래서 불가지론적인 질문을 던졌다. 누가 알랴? 죽음 이후에 천국에서 하나님과 더불어 산다는 걸 정말 확신할 수 있을까?

이 질문은 우리의 운명에 대한 가장 기본적인 질문이다. 우리는 언젠가 죽는다는 것을 알고 있다. 질문은 이것이다. 이후에 다시 살 것인가? 코헬렛은 확실한 답을 찾기 위해 고군분투하며 말했다. "누가 알랴?"

이런 의심과 씨름하면서 든 첫 번째 충동은 일에 파묻히는 것이었다. "그러므로 나는 사람이 자기 일에 즐거워하는 것보다 더 나은 것이 없음을 보았나니 이는 그것이 그의 몫이기 때문이라. 아, 그의 뒤에 일어날 일이 무엇인지를 보게 하려고 그를 도로 데리고 올 자가 누구이랴"(전 3:22). 불확실한 미래와 마주할 때 당장 할 수 있는 최선책은 생산성을 높이는 것이다.

하지만 영생에 대한 확신이 없다면 매일의 일에서 기쁨을 발견하는 것이 결코 영원한 만족을 주지 못할 것이다. 우리는 전도서 4장 도입부에서 이 사실을 본다. 전도자는 다시 절망으로 곤두박질친다. 악한 자들의 지독한 학대를 목격하는 것이 죽은 자들과 아직 태어나지 않은 자들을 부러워하게 만든다. "그러므로 나는 아직 살아 있는 산 자들보다 죽은 지 오랜 죽은 자들을 더 복되다 하였으며 이 둘보다도 아직 출생하지 아니하여 해 아래에서 행하는 악한 일을 보지 못한 자가 더 복되다 하였노라"(전 4:2-3, 9:4-6 참조).

당신은 '내가 태어나지 않았더라면' 하고 바라거나 모든 고난이 끝날 수 있도록 당신의 삶이 끝나기를 원했던 적이 있는가? 이런 생각은 한두 번쯤 모든 사람을 부추긴다. 이 부패한 세상에서 일어나는 우울한 일들을 감안하면 죽는 게 더 나을지 모른다.

### 흙에서 영광으로

이런 관점에서 볼 때 전도서가 모든 해답을 갖고 있지는 않은 것이 확실하다. 그러나 이것은 "한 섹션에서 다른 섹션으로 옮겨갈 때 사고의 진전이 없다"고 주장하는 학자들과 "코헬렛은 자신의 질문 중 어느 것에 대해서도 보편적이거나 만족스러운 답을 제공하지 못한다"고 주장하는 학자들을 좌절하게 만든다.[8]

이 책은 올바른 질문을 던진다! 역사 속 어느 인물처럼 코헬렛은 인간 존재의 문제를 정확하게 분별해 낸다. 우리가 계속 그의 질문들을 생각하고, 하나님께서 우리를 위해 복음 안에 두신 답들을 찾다 보면, 성령님께서 우리를 영생에 관한 진리로 인도하실 것이다. 초대 교회 교부 중 하나는 "복음으로 우리를 가르치심으로써" 전도서는 "우리를 다른 생으로 안내한다"고 말했다.[9]

그 생을 발견하는 한 가지 방법은 전도자가 이 문단에서 제기하는 질문들("인생들의 혼은 위로 올라가고 … 누가 알랴"[전 3:21], "그의 뒤에 일어날 일이 무엇인지를 보게 하려고 그를 도로 데리고 올 자가 누구이랴"[전 3:22]와 같은 질문들)에 온전히 성경적인 답을 주는 것이다.

이것은 위대한 질문이다. 원한다면 우리는 전도서에서 답을 얻을 수 있을 것이다. 마지막 장에서 코헬렛은 단도직입적으로 "흙은 여전히 땅으로 돌아가고 영은 그것을 주신 하나님께로 돌아간다"고 확언한다(전 12:7 참조). 분명 그는 죽음 이후의 생을 믿게 되었다. 하지만 무엇보다 가장 좋은 답은 하나님께서 예수 그리스도 안에서 주신 답이다. 죽음 이후 무슨 일이 일어나는지 알고 싶은 사람은 예수님께 여쭈어야 한다. 왜냐하면 그분은 저편에 다녀오신 경험이 있으시기 때문이다.

예수님이 정의의 자리로 끌려가셨을 때, 그곳에는 그분을 위한 정의가 전혀 없었다.[10] 그분을 변호하는 자가 없었고, 죽음의 십자가로부터 구해 내는 자도 없었으며, 죽음의 흙 안에 누이셨을 때 그분을 위로해 주는 자도 없었다. 하지만 예수님은 죽음에 머물지 않으셨다. 3일째 되는 날 부활하셨다. 그분의 몸과 영혼이 불멸의 영광에 오르셨다. 디트리히 본회퍼(Dietrich Bonhoeffer)의 표현대로 "그리스도는 사신다. 십자가 형틀이 생명의 나무가 된다. 그리고 지금 이 세상의 한복판, 저주받은 땅 위에서 생명이 새롭게 세워진다. 세상의 중심에서, 십자가의 나무로부터 생명의 샘이 솟아난다."[11]

부활하신 그리스도의 몸과 영혼은 불멸의 영광에 오르셨다. 이제 예수님을 믿는 자 누구나 "더 좋은 부활"을 얻을 것이다(히 11:35). 이것은 우리가 절대적으로 영생을 확신할 수 있는 이유다. 예수님이 죽은 자들의 무덤에서 영생을 가져오셨기 때문이다. 성경이 말하듯 예수님은 "사망을 폐하시고 복음으로써 생명과 썩지 아니할 것을 드러내셨다"(딤후 1:10).

미국의 남북전쟁 특파원 새뮤얼 윌커슨(Samuel Wilkerson)은 게티즈버그 전투 이후에 벌어진 대학살을 조사하면서 이 위대한 약속을 주장했다. 하나님의 섭리로 기자는 북부 연방군 편에서 싸우다가 전투에서 사망한 자기 아들의 주검을 발견했다. 견디기 힘든 비통함 속에서도 윌커슨은 절망하지 않았다. 다만 그리스도 안에서 죽은 자들이 다시 살아날 것이라는 부활의 약속을 기억했다. 다음은 그가 '뉴욕 타임스'에 기고한 글이다. 그는 사랑하는 아들의 주검 옆에 서 있었다.

죽음을 맞이한 아들아, 게티즈버그에서 너의 피로 미국의 두 번째 자유에 세례를 베풀었구나. 너는 정녕 부러움의 대상이다. 나는 격렬하게 입 맞추었던 정갈한 진흙 무덤에서 일어나 고개를 들고 그리스도께서 그분의 발로 이 전쟁터를 거니시다가 따뜻하고 사랑스럽게 천국에 이르시는 것을 본다. 그분의 오른손이 천국의 문을 여시고, 그분의 왼손은 퉁퉁 부은 채 사방에 널려 있는 피투성이 형체들에게 올라오라고 손짓하신다.[12]

당신은 예수 그리스도의 죽음과 부활에 의거하여 이 약속을 주장해 본 적이 있는가? 이것은 죽음의 흙으로 내려갈 때 다시금 영광으로 올라가리라는 약속이다. 만약 있다면 당신은 모든 슬픔 속에서 부활의 위로를 누린다. 최후 심판의 날을 기다리면서 하나님이 당신에게 맡기신 모든 선한 일 가운데 기뻐할 수 있다. 불의와 학대 앞에서 인내할 수 있는 믿음과 소망을 갖는다.

이 장의 앞부분에서 나는 '라나' 이야기를 했다. 예수 그리스도에 대한 믿음 때문에 박해받았던 이집트의 회심한 소녀 말이다. 정말 특별하게도, 라나가 가족에게 버림받았을 때 그녀를 절망감으로부터 지켜준 것은 예수님과 함께할 죽음 이후의 생에 대한 믿음이었다. 그녀는 다음과 같이 증언했다. "저는 위험에 처해 있습니다. 하지만 하나님을 신뢰합니다. 왜냐하면 그분은 살아 계시니까요. 저의 위로는, 제가 이 땅에서 보내는 시간은 매우 짧지만 그분과 함께 보낼 시간은 아주 길 거라는 사실입니다. … 우리는 더 이상 슬픔과 고통이 없을 때가 오리란 걸 알고 있습니다. 이것이 주 예수 안에서 우리의 소망입니다."[13]

그렇다. 이것이 주 예수 안에서 우리의 소망이다. 우리의 모든 괴로움과 슬픔 뒤에, 그분이 우리를 일으켜 영광에 이르게 하실 것이다.

Why Everthing Matters

# 7. 불확실한 만족

은을 사랑하는 자는 은으로 만족하지 못하고
풍요를 사랑하는 자는 소득으로 만족하지 아니하나니 이것도 헛되도다

**전 5:10**

르네상스 시대의 화가 캉탱 마시(Quentin Massys)의 유명한 그림 '대금업자와 그의 아내'(The Moneylender and His Wife)는 우리로 하여금 하나님과 돈 사이의 선택에 직면하게 한다. 대금업자는 집에 앉아 있고 그의 앞 탁자 위에는 계량 저울과 돈더미가 있다. 거기서 그는 동전 한 닢의 가치를 신중하게 평가하고 있다.

그리고 우리의 시선을 끄는 또 한 사람이 있다. 바로 옆에 앉아 있는 여인, 즉 대금업자의 아내다. 그녀는 성경으로 보이는, 혹은 경건서적 같은 책을 대충 넘기고 있다. 추측컨대 그 책은 부유한 남편이 사 주었을 것이다. 그녀는 경건의 시간을 갖고 있지만 돈 때문에 주의가 흐트러지는 것 같다. 책장을 넘기는 그녀의 시선은 어느덧 남편의 손에 있는 동전에 사로잡혀 있다.

마시는 진지한 주제를 말하고자 이 그림을 그렸다. 그가 선택한 도시 안트베르펜은 상업과 무역에서 세계의 중심 도시가 되어 있었다. 하지만 마시는 돈이 얼마나 쉽게 우리의 영혼을 하나님을 경배하는 것에서 멀어지게 하는지 보았다.[1]

누구나 이런 긴장감을 느낀다. 우리는 하나님께서 우리에게 최고의

충성심을 요구하신다는 걸 안다. 그 무엇도 복음의 메시지(하나님께서 예수 그리스도를 믿는 믿음으로 우리의 죄를 용서하시고 우리에게 값없이 영생을 선물하신다는 메시지)보다 귀한 게 없다고 믿는다.

하지만 우리는 너무 쉽게 주의가 흐트러진다. 때로는 영화를 보거나 온라인 쇼핑을 하는 것이 하나님 말씀에 귀 기울이는 것보다 더 흥미롭게 여겨진다.

## 경제적 불의

전도서의 솔로몬은 우리가 물질주의의 영적 싸움에서 승리하도록 돕고 싶어 한다.

많은 사람이 죄악된 사회 구조로부터 경제적으로 불의를 당하는 것을 보고, 그는 이 경제적 불의를 출발점으로 삼는다. 잠시 후 이 문제를 개인화하겠지만 일단 그는 정계 전반에 대해 말하는 것에서 시작한다. "너는 어느 지방에서든지 빈민을 학대하는 것과 정의와 공의를 짓밟는 것을 볼지라도 그것을 이상히 여기지 말라. 높은 자는 더 높은 자가 감찰하고 또 그들보다 더 높은 자들도 있음이니라"(전 5:8).

여기서 전도자는 우리 모두가 보는 것을 본다. 바로 학대와 불의다. 생산 수단에 대한 통제권을 국가가 소유하는 공산주의에서 우리는 그와 같은 학대와 불의를 본다. 다른 사람의 안녕을 고려하지 않은 채 이익만 추구하는 자본주의에서도 그것을 본다.

빈민은 거래에서 언제나 가장 나쁜 결과를 얻는 것처럼 보이는데, 그런 일이 일어날 때 전도자는 이상히 여기지 말라고 조언한다. 부당함을 변명하기 위해서가 아니다. 타락한 세상에서의 삶을 사실적으로 본 것뿐이다.

자신의 주장을 관철시키기 위해 코헬렛은 한 사람이 다른 사람을 감독하는 위계질서를 언급한다. 그가 위계질서를 언급하면서 염두에 둔 이슈는 장황한 관료주의가 되어 버리는 방식일지 모른다. 소위 **관료적 형식주의**다.[2]

이런 관점에 의하면 이 구절은 "빈민은 기다릴 여력이 없고 계층 간에 정의가 상실된 상황에서 포학한 관료주의의 끝없는 지연과 변명이 낳는 좌절들"에 관한 것이다.[3] 혹은 각 단계의 정부가 아래 단계로부터 무언가를 착취한다는 주장일 수도 있다.

높은 자리에 있는 사람들이 권력을 남용하는 것을 이상히 여기지 말라. 결국 불의는 빈민에게까지 미치게 마련이다. 그들도 할 수 있다면 누군가를 학대하려 하겠지만 그들이 최하위 계층이기 때문에 그럴 수가 없다. 이런 해석에 의하면 문제는 관료주의가 아니라 폭정이다.

선호에 따라 각자 어떤 해석을 취하든, 우리가 죄로 인해 결코 이상히 여기지 말아야 할 매우 많은 형태의 불의가 있다.

이 타락한 세상에서의 경험은 말단에서부터 꼭대기에 이르기까지 모든 정부에 부정부패가 있다고 예상하게 만든다. 설령 일부 지도자들이 사회를 섬기려는 순수한 열망에서 비롯된 동기를 가지고 있다 해도, 다른 많은 지도자들은 악명 높은 어느 필라델피아 정치인과 똑같다. 그는 공공 자금을 사치스런 생활 방식을 유지하는 데 사용한 뒤 친구들에게 '타인의 돈'을 쓰고 있다고 자랑했다.

최고의 정부는 아예 시작부터 사람들은 죄인이고, 그래서 부당함을 억제하려면 견제와 균형이 필요하다고 가정한다. 하지만 최고의 정부조차 완벽하지 않다. 이 푸른 지구에서 살아가는 한 우리는 사람들이 권력에 이르는 길을 돈으로 사고, 공적 지위를 사적 이익에 사용하고, 개인의 유익을 위해 제도를 조작하는 것을 보게 될 것이다.

## 부자병과 영적 파산

지금까지 코헬렛은 국가적 규모에서 풍요와 빈곤에 대해 말했다. 하지만 전도서 5장 10절에서는 상황을 개인적 차원으로 가져온다.

돈을 더 많이 가지려 하는 사람들은 공무원들만이 아니다. 그것은 우리 모두에게 닥치는 유혹거리다. 그래서 전도자는 번영의 덧없음에 대해 경고한다. "은을 사랑하는 자는 은으로 만족하지 못하고 풍요를 사랑하는 자는 소득으로 만족하지 아니하나니 이것도 헛되도다"(전 5:10, 6:7 참조).

여기서 우리는 널리 알려진 진리를 마주한다. 그것은 잠언으로 진술되어 있는데, 전도자는 거기에 그가 상용구로 쓰는 논평 '헛되도다'를 덧붙인다.

얼마나 많은 돈이 있든, 돈을 위해 사는 사람들은 결코 만족하지 못한다. 전형적으로 그들은 랍비 해럴드 쿠쉬너(Harold Kushner)의 전도서에 관한 책 『지금까지 당신이 바랬던 모든 것이 충분하지 않을 때』 (When All You've Ever Wanted Isn't Enough)의 제목과 상관있는 자들이다.[4]

존 D. 록펠러(John D. Rockefeller)는 세상에서 가장 부유한 사람이었다. 하지만 얼마나 많은 돈이 있어야 충분하냐고 물었을 때 그는 매우 유명한 대답을 했다. "아주 조금 더요." 좀 더 최근의 예를 들면, TV 속 캐릭터인 호머 심슨(Homer Simpson)이 사장인 번즈 씨(Mr Burns)에게 "사장님은 제가 아는 최고의 부자세요."라고 말하자 그 부유한 사업가는 이렇게 대답했다. "그렇지. 하지만 **더 많이**를 위해서라면 내 전부를 주고 바꾸겠네."

동시대 작가인 제시 오닐(Jessie O'Neill)은 이 영적인 문제를 올바르게 진단했다. 그녀는 이것을 '부자병'(affluenza, 부유하다는 뜻의 'affluent'와 유행성 독감 'influenza'의 합성어-역주), 곧 "돈과의 건강하지 못한 관계"인 부의 추구라고 부른다.[5]

대부분의 미국인들이 정도에 따라 이 치명적인 질병을 앓고 있다. 그리고 잠시 동안 미국에 사는 사람들 역시 이 질병에 걸리기 쉽다. 설령 우리가 자기 소유에 감사한다 해도 여전히 소유하지 못한 것에 대해 생각하고 어떻게 하면 그것을 손에 넣을 수 있을지 고민한다. 이것은 우리가 사고 싶은 것을 살 돈이 없다는 걸 깨달을 때 느끼는 갑작스런 불만족, 혹은 어떻게 해서든 그것을 사고 말았을 때 느끼는 죄책감을 설명해 준다. 여기서는 그것을 **만족 없는 취득**이라고 부르자.

돈으로 구매할 수 있는 것에 대한 욕구는 결코 채워지지 않는다. 따라서 이 무모한 욕망을 억제하는 유일한 방법은 하나님께서 공급하시는 것에 만족하는 것이다.

찰스 브리지스(Charles Bridges)는 우리의 욕망이 우리의 필요를 앞서 갈 때 "결코 충족될 수 없는 욕망의 환상 속에서 바라기만 하는 자리에 있는 것보다 현재 있는 자리에 만족하고 앉는 것이 더 낫다"고 말했다.[6]

우리를 불만족하게 만드는 것은 단지 돈에 대한 사랑만이 아니다. 학문적 성공, 운동 경기의 승리, 음악적 성취, 성적 쾌락 등 인생의 많은 좋은 것들이 우리로 하여금 코헬렛이 "바람을 잡는 것"(전 6:9)이라고 부른 것을 소유하라고 유혹할 것이다. 하지만 우리는 늘 더 많은 것을 갈망하기보다 더 적은 것으로도 행복해야 한다. 우리는 이미 예수님으로 만족하기 때문이다.

많은 사람에게 만족의 추구는 평생에 걸친 씨름이다. 과거에 우리가 돈의 유혹에 저항했다는 사실이 오늘 그 유혹에서 면제시켜 주지 않는다.

언젠가 "나는 돈에 별로 신경 쓰지 않아요."라고 말할 날이 올지 모르겠다. 하지만 곧 전혀 다른 곡조로 비틀즈처럼 노래하게 될 것이다. "돈이 모든 걸 주지는 않아요. 사실이죠. 돈이 주지 못하는 것을 나는 사용하지 못하죠. 자, 나에게 돈을 주세요(그게 내가 원하는 거예요)."[7]

전도서는 돈으로만 살 수 있는 것들을 좇는 삶의 덧없음을 경고한다. 우리가 '부자병'의 나쁜 사례로 전락하는 것을 막기 위해 전도서는 돈을 추구함이 언제나 영적인 파산을 낳는 이유를 길게 소개한다.

돈의 한 가지 문제점은 **다른 사람들이 우리에게서 돈을 빼앗아 가려고 한다**는 것이다. 전도자는 다음과 같이 말한다. "재산이 많아지면 먹는 자들도 많아지나니 그 소유주들은 눈으로 보는 것 외에 무엇이 유익하랴"(전 5:11).

어떤 면에서 이 구절은 우리의 부를 먹어 치우는 사람들을 언급한다. 그것이 전도서 5장 8절과 9절에 묘사된 포학한 정부일 수 있다. 그들은 높은 세금으로 우리의 돈을 착취해 간다. 아니면 우리의 자녀일 수도 있다. 그들은 저녁 식탁을 에워싼 굶주린 녀석들이다. 얻어먹는 자들일 수 있다. 그들은 공짜로 뭔가를 달라고 구걸하러 온다. 그들이 누구이든, 우리가 더 많이 가질수록 그들도 더 많이 가져가려 한다.

솔로몬 왕보다 이에 대해 더 잘 아는 이가 있을까? 그는 세상에서 가장 부유한 사람이었다. 그가 먹여 살려야 할 사람이 수천 명이었으니(왕상 4:22-28 참조) 그는 부유해야만 했다!

여기서 그는 우리가 더 많이 가질수록 더 많은 사람이 그것을 원한다고 경고한다. 그리고 그들이 우리에게서 그것을 빼앗는다면 우리가 직접 그것을 즐길 수는 없을 것이다.

솔로몬이 재차 강조하듯 이것은 헛되다. "내가 해 아래에서 한 가지

불행한 일이 있는 것을 보았나니 이는 사람의 마음을 무겁게 하는 것이라. 어떤 사람은 그의 영혼이 바라는 모든 소원에 부족함이 없어 재물과 부요와 존귀를 하나님께 받았으나 하나님께서 그가 그것을 누리도록 허락하지 아니하셨으므로 다른 사람이 누리나니 이것도 헛되어 악한 병이로다"(전 6:1-2).

더 많은 돈을 갖는 것의 또 다른 문제점은 **돈이 밤잠을 못 이루게 만든다**는 것이다. 전도자인 왕은 대조를 통해 이렇게 주장한다. "노동자는 먹는 것이 많든지 적든지 잠을 달게 자거니와 부자는 그 부요함 때문에 자지 못하느니라"(전 5:12).

일반적으로 하루 종일 고되게 일한 사람들은 (특히 자기 손으로 일한다면) 밤에 잘 자기 마련이다. 게으름뱅이 부자들은 이런 사치를 누리지 못하고 밤새 깨어 있다. 이런 경우 그들의 불면증은 소화불량에 의한 것이다. 기름진 음식을 탐욕스럽게 먹는 식생활은 복통을 선사한다.

또한 많은 돈을 갖는 것은 건강을 매우 해칠 수 있다. 영적인 측면뿐 아니라 육체적으로도 그렇다.

고된 일을 하는 사람들은 설령 그들이 항상 두툼한 월급봉투를 받지 못할지라도 자기의 복을 세어 보아야 한다. 상쾌한 잠은 육체노동의 축복이다.

데릭 키드너는 "현대의 운동기구들과 헬스클럽을" 보라며 "돈과 편안함에 입혀진 손실을 원상 복구하기 위해 돈과 노력을 쏟아붓는 것은 인간의 어리석음 중 하나"라고 결론짓는다.[8]

## 일시적 부요

지금까지 코헬렛은 많은 돈을 **소유하는 것**의 덧없음에 대해 이야기해 왔다. 전도서 5장 13-14절에서는 그것을 **잃는 것**의 덧없음에 대해 이야기한다. "내가 해 아래에서 큰 폐단 되는 일이 있는 것을 보았나니 곧 소유주가 재물을 자기에게 해가 되도록 소유하는 것이라. 그 재물이 재난을 당할 때 없어지나니 비록 아들은 낳았으나 그 손에 아무 것도 없느니라."

이것이 돈을 위해 사는 것이 부질없는 세 번째 이유다. **돈은 오늘 있다가 내일이면 사라질지 모른다.** 이를 주장하기 위해 코헬렛은 사례를 제공한다. 지인의 사례일 가능성이 있다. 어떤 사람이 자기의 재물을 비축하려 했지만 어떤 위험한 투자로 전부 잃고 말았다. 오늘날에는 주식 시장 같은 데서 사람들이 돈을 잃는다. 당시에는 배가 바다에 침몰하거나 낙타가 운반하는 화물이 광야에서 공격을 당했다. 원인이 무엇이든 그 사람은 투기를 했고, 운명의 역전을 겪었으며, 궁핍으로 마쳤다.

설상가상으로 그에겐 아들이 있었는데 이제 아들에게 남겨줄 게 아무것도 없었다. 이 이야기는 성경이 다른 곳에서 가르치는 내용(예를 들면 잠 13:22)을 가정한다. 아버지와 어머니는 아들과 딸에게 유산을 남기기 위해 절약하고 희생할 의무가 있다. 그러나 이야기 속 남자는 아버지로서의 의무를 다하는 데 실패했을 뿐 아니라 결국 전 재산을 잃고 말았다. "그가 모태에서 벌거벗고 나왔은즉 그가 나온 대로 돌아가고 수고하여 얻은 것을 아무것도 자기 손에 가지고 가지 못하리니 이것도 큰 불행이라. 어떻게 왔든지 그대로 가리니 바람을 잡는 수고가 그에게 무엇이 유익하랴"(전 5:15-16).

욥의 이야기를 아는 사람에게는 이 구절의 표현이 친숙하다. 불쌍한 남자 욥은 하루아침에 모든 것을 잃고 이렇게 말했다. "내가 모태에서 알몸으로 나왔사온즉 또한 알몸이 그리로 돌아가올지라. 주신 이도 여호와시요 거두신 이도 여호와시오니 여호와의 이름이 찬송을 받으실지니이다"(욥 1:21). 사도 바울도 동일한 진리를 우리 모두에게 적용했다. "우리가 세상에 아무것도 가지고 온 것이 없으매 또한 아무것도 가지고 가지 못하리니"(딤전 6:7).

언젠가 우리의 모든 수고를 잃게 될 것이다. 이것은 누구나 직면해야 할 비극적 현실이다.

영국의 골퍼 사이먼 다이슨(Simon Dyson)이 유러피언 투어에서 가장 많은 수입을 얻은 해를 마무리했을 때 누군가가 그에게 혹시 두려운 게 있느냐고 물었다. 그 말은 들은 다이슨은 이렇게 대답했다. "죽음이요. 지금 나는 내가 원하는 대로 할 수 있는 위치에 있어요. … 지금 당장은 죽는 게 좋지 않죠."[9]

우리가 프로 골퍼만큼 돈을 벌든 안 벌든 모든 것을 뒤로한 채 떠나야 할 날이 올 것이다. 오늘은 우리가 여기에 있지만 내일이면 사라질 것이다. 그러니 돈을 위해 사는 것이 무슨 이득이겠는가. 어떤 사람들은 임종 때까지 기다렸다가 그 질문을 하겠지만, 우리가 솔로몬처럼 지혜롭다면 지금 그 답을 알아내려 애쓸 것이다.

마르틴 루터는 자기 재정 상황의 장기적 가치를 따져보며 이렇게 선언했다. "죽을 때 나는 나의 모든 재산을 버리게 될 것이다. 그래서 나는 살아 있는 동안 버리겠다."[10] 루터는 죽을 때까지 기다리고 싶지 않았다. 아직 살아 있는 동안 자기의 소유를 떠나보냄으로써 중요한 날을 준비하기 원했다.

우리가 소유한 것들에 대해 무슨 말을 해야 할까? 우리가 지혜롭다면 스스로에게 이렇게 말할 것이다. "자, 여기 하나님께서 나에게 당분간 누리라고 주신 뭔가가 있어. 어쩌면 하나님 나라를 위해 쓰라고 주신 것일지 모르지. 죽을 때에는 절대로 가져갈 수 없다는 걸 기억해야 해." 우리는 영원을 향해 가고 있기 때문에 가볍게 여행해야 한다!

코헬렛이 돈을 위해 살지 말라고 주장한 이유 중 상당 부분이 전도서 5장 17절의 부자들에 관한 논평에 요약되어 있다. "일평생을 어두운 데에서 먹으며 많은 근심과 질병과 분노가 그에게 있느니라."

이것이 탐욕이 인도하는 곳이다. 구두쇠는 비참하게 홀로 최후를 맞이할 것이다. 영적인 암흑 속에서 많은 근심으로 분노할 것이다. 지독하게 부를 추구하는 것은 신체적인 대가를 요구하고 건강을 잃게 만들 것이다. 뿐만 아니라 그는 분개하는 늙은이가 되어 격렬히 화를 낼 것이다. 어느 경우든 행복한 구두쇠에 대해 들어본 적이 있는가?

이 구절은 분노에 대해 유익한 질문을 던진다. 그 분노 중 일부는 이 세상에 대한 과도한 사랑에서 야기된다. 화가 치밀어 오르는 이유는 무엇일까? 곰곰이 생각해 보면 세속적 재산에 대한 충족되지 못한 욕망이 분노의 강력하고도 일반적인 생산자임을 발견할 것이다.

### 예수님 안에 참된 만족이 있다

다행스럽게도 더 나은 삶의 방식이 있다. 전도서의 저자는 그것을 다음과 같이 기록한다. "사람이 하나님께서 그에게 주신 바 그 일평생에 먹고 마시며 해 아래에서 하는 모든 수고 중에서 낙을 보는 것이 선하고 아름다움을 내가 보았나니 그것이 그의 몫이로다. 또한 어떤 사람에게든지 하나님이 재물과 부요를 그에게 주사 능히 누리게 하시며 제 몫을 받아 수고함으로 즐거워하게 하신 것은 하나님의 선물이라"(전 5:18-19).

어떤 학자들은 이 구절이 전도자가 방금 전까지 말한 내용과 정반대라는 사실을 발견한다. 그래서 지금 전도자가 비아냥거리는 게 틀림없다고 생각한다. 코헬렛은 인생이 아주 즐겁다고 진심으로 믿지는 않지만, 그럼에도 우리가 인생을 누릴 수 있도록 도우려 한다. 그래서 그는 우리에게 내일 죽을지 모르니 지금 먹고 마시고 부지런히 일하라고 말한다.

하지만 그것이 전도자가 말하려는 전부는 아니다. 그는 우리에게 하나님 중심의 균형 잡힌 시각을 선사한다. 번영의 덧없음에 대해 솔직했던 것처럼 그는 일이나 축제 같은 인생 만사에서 기쁨을 발견하는 것에 대해서도 진실을 말해 주고 싶어 한다. 이것은 전도서에서 되풀이되는 주제다. 전도서 곳곳에 등장하는 소위 '즐기라 단락'(예를 들면 전 2:24-26)에서 그것을 본다.

코헬렛은 기쁨이 진짜라는 것을 알고 있다. 그가 직접 경험해 보았기 때문이다. 그렇다. 이 땅에서의 시간은 결코 길지 않지만, 우리에게 얼마의 시간이 남았든 그것은 신성한 선물이다. 즉 전도자가 우리의 인생을 "하나님의 선물"이라고 부르는 것은 비아냥거림이 아닌 경건한 감사다.

전도자가 이렇게 말할 수 있는 이유는 그가 기쁨의 하나님을 믿기 때문이다. 앞에서 그가 돈의 덧없음을 이야기할 때에는 하나님을 전혀 언급하지 않았다. 하지만 전도서 5장 18-20절에서는 반복적으로 하나님을 언급한다. 그가 발견한 쾌락이 무엇이든 하나님 중심적인 것임에 틀림이 없다. 하나님이 없다면 인생은 부질없고 비참하다. 돈을 위해 산다면 특히 그렇다. 하지만 기쁨의 하나님을 알 때 돈마저 축복이 될 수 있다.

전도서 5장 19절에 주목하라. 앞에서 전도자는 돈이 덧없는 여러 이유를 나열했다. 그런데 여기서는 부요하면 돈을 누려야 한다고 명백히 말한다. 모순처럼 들린다. 하지만 누리는 힘이 어디에서 비롯되는지에 주목하라. 누림은 하나님께로부터 온다. 재물을 소유하고 누리는 것 둘 다 하나님의 선물이다.

기쁨의 하나님이 우리와 함께하실 때 돈마저 축복으로 판명될 수 있다. 반대로 하나님이 안 계시면 어떤 것도 우리를 만족시킬 수 없다. 돈은 더욱 그럴 수 없다. 크리스천 위먼이 시인으로서 관찰한 바에 따르면 "만약 하나님이 당신의 경험과 무관하시다면, 만약 하나님이 당신의 경험 안에 계시지 않다면, 경험은 언제나 그 자체로 끝 … 막다른 끝이다."[11]

이 심오한 통찰은 이 세상 재물에 대해 균형 있는 시각을 갖도록 도와준다. 하나님께서 창조하신 세상은 여러 가지 풍성한 선물로 가득하지만, 그것을 누리는 힘은 선물 자체에 있지 않다. 주시는 분 대신 선물 자체를 경배하는 것이 쓸모없는 이유가 바로 이것이다. 재물, 음식, 우정, 일, 섹스, 그 밖의 다른 좋은 선물을 누리는 능력은 오직 하나님께로부터 온다. 쉽게 말해 만족은 별도로 판매된다.

이와 같이 인생에서 가장 위대한 쾌락을 발견한 사람은 그것을 주시는 분과 친밀하고 인격적인 관계를 맺은 사람이다. "나는 내가 원하고 예상했던 것보다 훨씬 더 많은 것을 그리스도 안에서 발견했다."라는 찰스 브리지스의 증언은 하나님과의 영적 친밀함에서 나왔다.[12]

영국의 시인 조지 허버트(George Herbert)는 그의 시 '도르래'(The Pulley)에서 누리는 힘을 탐구했다.[13]

그는 다음과 같은 말로 시작했다. 하나님께서 인간을 만드셨을 때, 잔을 들고 하실 수 있는 많은 축복을 부으셨다. 부(富)와 미(美)와 지혜와 명예와 쾌락 등이다.

하지만 그 잔이 거의 다 비워졌을 때 붓기를 멈추기로 결정하셨다. "거의 다 비워졌을 때" 허버트는 시를 이어갔다. "하나님은 멈추셨다 / 그분의 온갖 보물 중 오직 하나 / 안식이 맨 밑바닥에 놓여 있음을 감지하시고는." 달리 말하면 하나님께서 인류에게 주지 않기로 결정하신 한 가지 선물은 바로 안식(만족이라고도 할 수 있다)이었다. "왜냐하면 (하나님이 말씀하시길) 만약 내가 이 보배마저 피조물에게 준다면, 그는 나 대신 내가 준 선물을 경배할 것이기 때문이다."

지혜와 사랑 안에서 하나님은 우리에게 "부유하고 고될 것"을 명령하셨다. 지루함과 피곤함이 우리의 마음을 그분께로 돌이키게 하기 위해서였다.

당신은 부와 다른 온갖 좋은 것에 싫증이 나 하나님 안에서 기쁨을 발견하려고 돌이켜 본 경험이 있는가?

인생에서 기쁨을 누리지 못하는 사람이 있다면 잘못된 곳에서 찾고 있는 게 틀림없다. 기쁨을 발견하는 방법은 "주님, 주님은 제가 지금 얼마나 공허한지 아십니다. 제 삶의 빈 공간을 채우기 위해 제가 사용하고 있는 모든 것으로부터 돌이킬 수 있게 도와주소서. 당신의 은혜로 저를 채우소서."라고 기도하는 것이다.

전도자는 우리의 기쁨을 위해 하나님의 여러 선물이 아닌 하나님 그분을 의지하라고 가르친다. 이것이 인생의 덧없음에 대한 그의 대답 일부다. 이 교훈을 제대로 배운 사람은 "자기의 생명의 날을 깊이 생각하지 아니하리니 이는 하나님이 그의 마음에 기뻐하는 것으로 응답하심이니라"(전 5:20). 하나님을 누리는 법을 배울 때 우리는 인생의 짧은 덧없음을 잊게 만드는 큰 기쁨을 경험한다.[14]

캉탱 마시는 이 영적 교훈을 이미 깨달았던 것 같다. 두드러지면서도 섬세한 작품인 '대금업자와 그의 아내'에서 우리는 그것을 낱낱이 본다. 작품 속의 남편과 아내 둘 다 하나님께로부터 돌이켜 돈에 집중하라는 유혹을 받는다. 마시는 영리하게도 그 둘 사이의 탁자 위에 작고 둥근 거울을 그렸다. 그 거울은 그림 밖에서 벌어지는 짧은 장면을 반사하고 있다. 그 작은 거울 속에 십자가 모양을 만들면서 교차하는 검은 선의 창문틀이 보인다. 또 마치 십자가를 붙드는 것처럼 창문틀에 손을 뻗은 작은 초상화가 보인다. 그 인물은 아마도 마시 자신일 것이다.

그 예술가는 (전도서의 저자와 마찬가지로) 어떤 만족을 위해서라도 인생에서 돈을 찾지 말라고 우리에게 상기시키는 것 같다. 오히려 우리는 모든 탐욕스런 죄를 위해 예수님께서 자기 목숨을 주셨던 십자가를 향해 손을 뻗으라고 초청받는다. 구주에게서 손을 떼지 않는다면, 우리는 그분 안에서 온전한 만족을 발견할 것이다

# Why Everthing Matters

# 8. 하나님께서 굽게 하신 것

하나님께서 행하시는 일을 보라.
하나님께서 굽게 하신 것을 누가 능히 곧게 하겠느냐

**전 7:13**

어쩌면 당신의 인생은 너무도 근심거리가 없던 나머지 인간의 고통에 아무런 감정도 느끼지 못해 왔는지 모른다. 하지만 잘 생각해 보면 아닐 것이다. 그동안 당신은 만성 질환, 우울증, 초조감, 인간의 배신, 깨어진 관계, 거짓 의혹, 파멸을 부르는 죄, 사별, 비탄 등 수많은 상처를 처리해야 했을 것이다. 이 중 어떤 것은 나의 씨름이고 어떤 것은 내가 사랑하는 이들의 씨름이다. 잠시 어느 젊은 여인에 대해 언급하려 한다. 그녀는 심각한 교통사고를 당했고, 오랜 회복 기간을 보내며 그 시간에 대한 글을 썼다. "자신을 떨고 있는 겁쟁이가 껍질 같다고 느끼고, 절망이 끔찍한 틈새가 되어 점점 간격을 벌리고, 두려움이 즐거워할 기회조차 마비시키는 나날들"에 대해서 말이다.[1]

내 기도에는 "예수님, 도와주세요!"라는 말이 자주 튀어나온다. 이와 같이 "다윗의 자손 예수여, 나를 불쌍히 여기소서!"(눅 18:38)처럼 복음서로 기도하는 것이 유익하다.

시련의 때가 오면 나는 이따금 1700년대 초 작은 시골 교회에서 목회했던 스코틀랜드 신학자 토머스 보스턴(Thomas Boston)에게서 배운 교훈을 묵상한다. 나는 박사 논문을 위해 보스턴의 글을 연구했고, 그래

서 그를 잘 안다고 느꼈다. 보스턴은 그의 『회고록』(Memoirs)에서 자기의 마음을 열고 자신이 겪은 고통과 거기서 배운 교훈들을 나눈다.

보스턴의 경험을 설명하자면, 그의 아내 캐서린 사이에 태어난 열 자녀 중 여섯이 어릴 때 죽었다. 그중 한 아이의 죽음은 특히 비극이었다. 보스턴은 이미 에벤에셀이라는 아들, "여호와께서 여기까지 우리를 도우셨다"(삼상 7:12)라는 뜻의 이름을 지닌 아들을 잃은 상황이었다. 아내가 임신 중일 때 그는 새 아이의 이름을 에벤에셀로 지을까 생각했다. 하지만 망설였다. 그 아들의 이름을 에벤에셀로 짓는 것은 하나님의 신실하심에 대한 소망을 간증하는 일이 되겠지만 이 아이도 죽는다면? 가족이 또 한 명의 에벤에셀마저 땅에 묻어야 한다면? 그건 너무나 괴로워서 감당할 수 없는 상실이 될 게 분명했다.

기도하며 이런 생각과 싸운 보스턴은 결국 아들의 이름을 에벤에셀로 하기로 믿음으로 결단했다. 하지만 그 아이는 병약하게 태어났고, 부모의 절박한 기도에도 불구하고 회복되지 못했다. 비통에 잠긴 아버지로서 그는 『회고록』에 이렇게 썼다. "그 아이도 내게서 데려가셨다는 사실이 주님을 기쁘시게 했다."[2]

그토록 깊은 상실을 겪은 후에는 많은 사람이 하나님을 비난하거나, 신앙을 버리거나, 적어도 얼마간 사역을 내려놓으라는 유혹을 받는다. 하지만 토머스 보스턴은 그러지 않았다. 그는 하나님의 주권뿐 아니라 그분의 선하심도 믿었다. 시련의 시기에 주님에게서 **등을 돌리기**보다 주님의 도우심과 위로를 구하며 주님께로 **향했다.**

훗날 보스턴은 하나님의 주권에 관해 "운명의 굴곡"이라는 탁월한 설교를 했다.[3] 그 설교는 전도서 7장 13절에서 코헬렛이 한 명령과 그가 제기한 질문에 기반한 것이다. "하나님께서 행하시는 일을 보라. 하나님께서 굽게 하신 것을 누가 능히 곧게 하겠느냐."

## 형통한 날, 곤고한 날

이 구절의 명령은 "보라"다. 즉 하나님께서 일하시는 방식을 주의 깊게 관찰하라는 것이다. 전도서를 기록한 솔로몬은 주변 세상에 주목했다. 인생의 우여곡절을 연구했고, 이런 때와 저런 때를 깨달았다. 사람들이 일하고 노는 방식을 지켜보았다. 어떻게 살고 어떻게 죽는지 이해했다.

전도서 7장에서 그는 하나님이 세상에서 행하시는 일을 보는 데 동참하라고 우리를 초청한다. 그리고 다음과 같은 수사학적 질문을 던진다. "하나님께서 굽게 하신 것을 누가 능히 곧게 하겠느냐?" 당연히 답은 "아무도 없다."이다. 무엇이든 하나님께서 원하시는 대로 있기 마련이다. 우리에겐 전능자 위에 군림할 능력이 없다.

전도자가 말하는 '굽은 것'은 바꾸고 싶은데도 그럴 수 없는 인생의 고난을 가리킨다. 그것은 우리 모두에게 일어난다. 우리는 육체적 한계를 가진 채 씨름한다. 대인 관계나 가족 관계의 붕괴를 겪는다. 갖고 싶지 않은 것을 갖고, 갖고 싶은 것을 갖지 못한다. 머지않아 인생에서 무언가가 일어난다. 그것은 다른 결과가 되기를 바라마지않는 일이다. 당신에게 그럴 능력이 있다고 가정한다면, 당신의 인생에서 바꾸고 싶은 한 가지는 무엇인가?

전도서에 따르면 하나님은 우리에게 저마다 다른 인생의 상황을 주셨다. 이른바 '운명'이다(예를 들면 전 5:18-19). 토머스 보스턴도 동일한 언어를 사용했다. "사건이 계속 일어난다. 이 땅에서 사는 동안 하나님의 섭리로 우리 각 사람에게 주어진다. 그게 우리의 운명이다. 주권자이신 하나님에 의해 우리의 몫으로 분배된다."

게다가 우리는 누구나 바꾸고 싶은 환경을 갖고 있다. 이에 대해 보스턴은 다음과 같이 말을 잇는다.

> 사건이 거듭되는 중에 어떤 사건은 우리에게 **어긋나게** 떨어진다. 성미에 맞지 않는다. 그것이 우리 운명에 **굴곡**을 만든다. 여기 사는 동안에는 우리의 운명과 조건에 어긋난 사건들도 일어날 것이다. 물론 기분 좋은 사건들도 마찬가지다. 때로는 부드럽고 기분 좋게 일이 돌아간다. 하지만 때로는 경로를 바꿔서 … 우리를 고통스럽게 만드는 사고가 생기기도 한다. 누구의 운명이든 이 세상에서는 굴곡이 있다. … 여기에 완벽은 없다.[4]

전도서가 이런 말을 하는 것을 두고 코헬렛이 운명론자라고 생각하는 사람들이 있다. 인생에서 어떤 일들은 곧게 펼쳐진다. 어떤 일들은 굽어 있다. 하지만 곧든, 굽어 있든 간에 우리가 이에 대해 할 수 있는 일이 전혀 없다. 모든 것이 운명대로 된다. 달리 말하면 예정이라고 하겠다.

코헬렛도 전도서 9장에서 이와 비슷한 비관론을 취한다. "내가 다시 해 아래에서 보니 빠른 경주자들이라고 선착하는 것이 아니며 용사들이라고 전쟁에 승리하는 것이 아니며 지혜자들이라고 음식물을 얻는 것도 아니며 명철자들이라고 재물을 얻는 것도 아니며 지식인들이라고 은총을 입는 것이 아니니 이는 시기와 기회는 그들 모두에게 임함이니라"(전 9:11). 영국의 소설가이자 수필가인 조지 오웰(George Orwell)은 명석하게도 이 구절을 다음과 같이 바꾸었다. "동시대 현상을 객관적으로 사색해 보면 다음과 같은 결론에 이를 수밖에 없다. 경쟁 활동에서의 성공이나 실패가 선천적인 능력에 상응하는 경향이 없음을 보여 준다는 것과 상당한 정도의 예상치 못한 변수가 반드시 고려되어야 한다는 것이다."[5] 달리 말하면 인생은 그야말로 예측 불가다. 무슨 일이든 일어난다.

하지만 이 구절을 이해하는 또 다른 방법이 있다. 다르게 읽어 보면 전도자는 일이 곧든 굽어 있든 간에 우리는 하나님의 최고선(最高善) 관점에서 각각의 상황을 이해해야 한다고 말하고 있다. 만약 우리의 운명에 굴곡이 있다면, 그건 하나님이 일하신 결과다. 우리가 바꾸려고 애쓰는 건 부질없는 짓이다.

우리의 운명에 대해 절망하는 것과 하나님 안에서 소망하는 것의 차이를 이해하는 한 가지 방법은 전도서 7장 13절을 1장 15절과 비교하는 것이다.

두 구절은 거의 동일하다. "구부러진 것도 곧게 할 수 없고 모자란 것도 셀 수 없도다"(전 1:15). 하지만 주목하라. 전도자가 이 문장을 처음 진술했던(혹은 이 잠언을 인용했던) 때에는 하나님을 상황 밖에 두었다. 즉 그는 C. S. 루이스가 "하나님 없는 인생에 관한 차갑고 선명한 그림"이라고 정확히 묘사한 것을 우리에게 주고 있다.[6] 그런데 7장에서는 하나님을 상황 안으로 모셔 온다. 그리고 하나님의 눈으로 세상을 보며, 곧은 일과 굽은 일 모두를 하나님의 거룩한 돌보심 아래 둔다.

우리가 굽은 것을 곧게 할 수 없다는 건 여전히 참이다. 하나님이 바꾸려 하지 않으시면, 그리고 하나님이 바꾸시기 전까지 우리는 하나님께서 행하신 것을 바꿀 수 없다. 우리에겐 하나님의 계획표를 수정할 권한이 없다.

하지만 하나님의 주권은 우리를 좌절로 몰고 가는 것과 거리가 멀다. 인생의 온갖 시련을 통과하는 우리에게 소망을 준다. 우리는 정녕 타락한 세상에서 인생의 좌절을 겪지만 성경은 하나님이 이 모든 헛됨에서 우리를 해방시킬 계획을 갖고 계시다고 약속한다. 또한 하나님은 이 계획을 실행에 옮기시면서 모든 것이 합력하여 선을 이루도록 일하신다(롬 8:20, 28 참조).

하나님의 최고선을 신뢰하는 것은 인생의 기쁨과 시련에 어떻게 반응해야 하는지 알게 돕는다. 형통한 날을 보내든 곤고한 날을 보내든,

하나님을 영화롭게 할 방법은 언제나 있다. 그래서 전도자는 "형통한 날에는 기뻐하고 곤고한 날에는 되돌아보아라. 이 두 가지를 하나님이 병행하게 하사 사람이 그의 장래 일을 능히 헤아려 알지 못하게 하셨느니라"(전 7:14)고 말한다.

이런 관점은 오늘과 매일을 하나님의 주권 아래 둔다. 어떤 날은 형통으로 가득하다. 태양이 빛나고, 새가 노래하고, 세상 모든 것이 잘 돌아간다. 모든 형통한 날, 모든 맛있는 음식, 모든 금전적 횡재, 모든 의미 있는 대화, 모든 소박한 즐거움, 모든 사역의 성공. 그것이 무엇이든 모든 종류의 축복은 우리를 기쁨으로 부르시는 하나님의 은혜에서 비롯된 선물이다.

물론 매일이 그렇지는 않다. 어떤 날은 형통보다 역경으로 가득하다. 태양이 빛나지 않고, 새가 노래하지 않고, 세상에 제대로 된 게 하나도 없는 것 같다. 우리의 시련이 결코 끝나지 않을 것 같고, 세상에 과연 단 한 명의 친구라도 있는 것인지 의심스럽다.

그러나 이런 날 역시 하나님의 손에서 온다. 하나님의 주권적 돌보심 아래 있다. 전도자는 그와 같이 힘든 날에 기뻐하라고 말하는 감성을 가지지 않았다. 하나님의 방법들을 생각해 보라고 요구한다. 역경이 올 때, 그것 역시 주님께서 만드신 날임을 인식해야 한다.

우리의 하루하루를 주권자 하나님의 자비하신 돌보심에 의탁할 때, 인생이 우리 앞에 던지는 그 무엇에도 우리는 기꺼이 준비될 것이다. 마르틴 루터는 이 구절에 대한 주석에서 "현재를 누리되, 마치 그것이 영원히 지속될 것처럼 그것을 신뢰하지 말라. … 다만 하나님을 향한

마음을 지키라. 그래야 그 마음으로 역경의 날을 견딜 수 있다."라고 조언했다.[7]

인생에서 어떤 시련을 맞이한다 해도 우리 편이신 예수님과 함께 헤쳐 가는 건 힘이 된다. 우리가 현명하다면 우리가 경험한 기쁨이 무엇이든 그 기쁨을 모두 하나님께 감사히 되돌려 드릴 것이다. 이것이 바로 하나님의 일하심을 **되돌아보라**는 의미의 일부다. 전도자는 단순히 하나님께서 행하신 일을 보는 것 이상으로 우리에게 무언가를 하라고 말한다. 즉 하나님께서 행하신 일을 받아들이고, 그분의 주권적 뜻에 복종하고, 우리의 모든 형통함에 대해 하나님을 찬양하고, 모든 역경을 통과할 때 그분을 신뢰하라고 말하고 있다.

## 멸망으로 이끄는 두 가지 위험

전도자의 관점이 이제까지 너무 단순하고 쉬워 보였다면, 어쩌면 당신은 전도자가 다음에 하는 말과 관련된 사람일 수 있다. 그는 하나님의 일하심을 되돌아보라고 말하자마자 하나님의 주권과 씨름한다.

기억하라. 코헬렛은 우리에게 인생에 관한 진리를 말해 주는 데 온전히 헌신하겠다고 약속했다. 그가 여기에서 우리에게 말한 내용은 때로는 인생이 지독히 부당할 수 있다는 것이다. "내 허무한 날을 사는 동안 내가 그 모든 일을 살펴보았더니 자기의 의로움에도 불구하고 멸망하는 의인이 있고 자기의 악행에도 불구하고 장수하는 악인이 있으니"(전 7:15).

이것은 사람들이 대체로 예상하는 것과 정반대다. 의인은 형통함으로 기뻐해야 하고, 악인은 하나님의 통제권을 인정하기까지 역경을 겪어야 한다. 하지만 우리가 너무나 자주 목격하는 것은 전도자가 본 그대로다. 의인들은 자기의 때가 되기 전에 죽는 반면, 원수들은 계속해서 살아남는다. 경건한 목사들은 믿음 때문에 순교를 당하지만, 박해자들은 살아서 마침내 교회를 공포에 빠뜨린다. 무고한 희생자들이 인생의 황금기에 목숨을 잃는데 반해, 공격자들은 절대 잡히지 않는다. 정말 불공평하다!

이런 것은 곧게 되기를 바라는 인생의 굽은 일들이다. 하지만 우리가 할 수 없는 일이기에 전도자는 우리에게 보다 실제적인 조언을 준다. "지나치게 의인이 되지도 말며 지나치게 지혜자도 되지 말라. 어찌하여 스스로 패망하게 하겠느냐. 지나치게 악인이 되지도 말며 지나치게 우매한 자도 되지 말라. 어찌하여 기한 전에 죽으려고 하느냐"

(전 7:16-17).

어떤 학자들은 이 구절이 냉소적이라고 믿는다. 어쩌면 사실일지 모른다. 전도자는 지금 "보라. 악인은 살아서 형통한데 의인이 멸망한다면 의인인 체하려고 애쓰지 말라. 선인이 젊어서 죽는다면 선하게 되려고 애쓰는 데서 얻을 것이 하나도 없다"고 말하고 있는 것이다.

이것은 오늘날 많은 사람이 생각하는 방식대로 일어난다. 사람들이 절대적으로 악한 삶을 살 만큼 어리석지 않은 이유는 마음 깊이 하나님께서 죄에 대해 심판하실 거라 믿기 때문이다. 하지만 속으로는 거룩하게 되려고 애쓰는 것이 인생의 재미를 빼앗을 거라 의심하는 한

편, 최후 심판에서 구원을 얻을 만큼 충분히 선하기를 소망하기도 한다. 때문에 지나치게 의롭지도, 지나치게 악하지도 않는 한 그들은 지금 모습처럼 그렇게 행복하다.

이것이 전도자가 의도한 것이라면 그는 지금 해 아래의 인생을 다시 보고 있는 게 틀림없다. 잠시 동안 하나님을 그림 밖에 두고 불신자의 방식으로 선악을 생각하고 있다.

하지만 이 구절을 다르게 읽는 방법도 있다. '지나치게 의롭지' 말라는 것은 **자기 의**에 빠지지 말라는 것인지 모른다. 그리고 전도자가 전도서 7장 16절에서 사용한 동사는 의로운 체하는 사람을 가리킬 수 있다.[8] 결국 하나님의 기준이 온전함이라면 (우리가 온 정성과 마음과 뜻과 힘을 다해 하나님을 사랑하라고 부름받았다면) 어떻게 감히 '지나치게 의로울' 수 있겠는가! 우리는 우리의 진짜 모습보다 스스로를 더 의롭게 생각하는 경향이 있다. 그게 진짜 문제다.

스스로를 지나치게 높이 생각하지 않게 하려고 전도자는 소위 '지나치게 의인이 되지 말라'고 경고한다. 우리는 우리 자신이 고난을 겪기엔 너무 선하다고, 우리 같은 사람이 운명의 굴곡을 갖는 건 부당하다고 생각하면 안 된다. 하지만 종종 "하나님, 저는 이런 일을 당할 사람이 아니잖아요. 제가 누군지 모르세요?"라고 말하고 싶은 유혹을 받는다. 그리고 이것은 "하나님은 자신이 누구라고 생각하시는 거지?"라고 말하는 것과 그리 멀지 않다.

물론 이 말은 불의한 자가 되어야 한다는 뜻이 아니다. 전도자는 전도서 7장 17절에서 "지나치게 악인이 되지 말라"고 말하면서 이런 실수를 하면 안 된다고 경고한다. 그의 말은 마치 악에도 허용할 수 있는 수준이 있는 것처럼 우리가 **조금은 악해져도 된다는 뜻이 아니다.** 오히려 스스로를 악에게 내어 주는 것에는 큰 위험이 있다는 것이 전도자의 요점이다.

누구나 그렇듯 때때로 죄를 짓는다. 전도자는 그것을 전도서 7장 20절에서 언급한다. "선을 행하고 전혀 죄를 범하지 아니하는 의인은 세상에 없기 때문이로다." 우발적인 죄를 범하는 것과 절도, 사기, 정욕, 탐욕의 생활 방식을 좇기로 고의적인 결단을 내리는 것 사이에는 큰 차이가 있다. "어리석게 굴지 말라." 전도자가 말한다. "죄 안에서 살면 멸망할 것이다."

이렇듯 우리가 피해야 할 두 가지 위험은 **자기 의**와 **불의**다. 두 가지 오류 다 우리를 멸망으로 인도할 것이다. 어쩌면 때 이른 죽음으로 인도할지도 모른다. 이 두 위험을 피하는 방법이 있다. 바로 매일 하나님을 경외하며 사는 것이다. "하나님을 경외하는 자는 이 모든 일에서 벗어날 것임이니라"(전 7:18).

하나님을 경외하는 것은 그분이 하나님이고 우리는 아니라는 사실을 아는 것이다. 그분의 장엄한 아름다움에 경이로움을 느끼며 그분을 붙드는 것이다. 그분의 강하고 멋진 능력을 존경하는 것이다. 하나님에 대한 경외심은 우리의 진짜 모습이 아닌데도 진짜인 척하지 않도록 도와준다. 또한 악한 인생을 살지 않도록 지켜 준다. 왜냐하면 하나님의 거룩하심을 이해할 때 가장 하고 싶지 않은 일이 바로 그분의 의로우신 심판 아래 떨어지는 것이기 때문이다.

## 고통을 허락하시는 이유

하나님을 진정으로 경외하면 현재의 어려움 너머를 바라보고 하나님의 일하심을 볼 수 있다. 하나님이 곧게 하기로 결정하실 때까지 우리 인생의 모든 구부러진 것들을 받아들일 수 있다.

앞에서 나는 토머스 보스턴과 전도서 7장 13절의 명설교를 언급했다. 보스턴은 하나님께서 어떤 것을 굽게 하시는 여러 이유를 나열하는 것으로 그 설교를 끝맺었다.[9] 그것은 그가 직접 비애와 고통을 겪으며 확인한 성경적 교훈들이다. 하나님은 왜 곧게 해 달라는 우리의 기도에도 불구하고 어떤 것들을 굽게 하실까?

첫째, 보스턴에 의하면 인생의 구부러진 것들은 **우리가 구원을 위하여 그리스도를 참으로 신뢰하는지 결정하게 해 주는 테스트**다. 욥을 생각해 보라. 그는 믿음의 진정성을 증명하기 위해 많은 고통과 시련을 당했다. 우리의 고난에도 동일한 목적이 있을 수 있다. 고난은 하나님의 은혜로 우리가 그리스도를 붙들고 있음을 확인시켜 준다(혹은 우리가 여전히 구원을 위하여 그분을 신뢰해야 함을 알게 도와준다).

둘째, 하나님은 **우리의 마음을 이 헛된 세상에서 돌이키시고 내생의 행복을 찾으라고 가르치시기 위해** 우리가 이 땅의 운명에서 갖게 된 굴곡을 (그것이 무엇이든) 조심스레 디자인하신다. 고난은 영원에 대한 준비의 일부다. 탕자를 생각해 보라. 그는 가진 것을 전부 잃기 전까지 아버지께 돌아오지 않았다. 그의 고난은 그가 속했던 곳인 집으로 돌아오게 하는 순례의 일부였다. 그러므로 인생의 어떤 것이 굽은 것처럼 보일 때, 하나님께서 그것을 곧게 하실 날이 다가오고 있음을 기억하라.

셋째, 하나님은 **우리의 죄를 깨우쳐 주시기 위해** 인생의 구부러진 것들을 사용하신다. 무언가가 구부러진 이유는 세상에 죄(우리 자신의 죄를 포함하여)가 있기 때문이다. 성령님은 운명의 굴곡을 양심을 건드리시는 데 사용하신다. 우리가 고백해야 할 특정한 죄를 상기시키신다. 고난당할 때마다 그것이 우리의 죄 때문이라고 생각하는 것은 실수일 수 있다. 하지만 각 시련을 계기로 고백하지 않았던 죄를 회개할 수 있는 기회를 놓치는 것 역시 실수일 수 있다.

넷째, 하나님은 **우리를 교정해 주시기 위해** 인생의 구부러진 것들을 사용하신다. 고난이 하나님의 공의의 도구로 사용되는 때가 있다. 다윗이 우리아를 죽였을 때가 그랬다. 하나님은 그의 집에서 칼이 영원토록 떠나지 않을 거라고 정의롭게 판결하셨다(삼하 12:10 참조). 우리가 고난을 당하는 것은 어쩌면 우리 죄의 결과에 따라 우리가 하나님의 심판이나 훈련 아래 있기 때문일 것이다.

하나님이 어떤 것들을 굽게 하시는 이유가 이것들만은 아니다. 토머스 보스턴은 다른 몇 가지도 나열했다. 때때로 하나님은 우리가 죄를 짓지 않게 하시기 위해, 혹은 내면에 너무 깊숙이 있어서 고통스런 시련을 겪어야 비로소 드러나는 죄악된 태도를 들추시기 위해 우리의 고난을 허락하신다. 혹은 시험 중인 우리의 신앙심을 통해 그분의 은혜를 보여 주시기 위해 우리의 운명에 굴곡을 두신다(아마도 이것이 고난의 가장 행복한 이유일 것이다). 우리는 보스턴이 "영적 게으름에 딱 맞는 것"이라고 말한 일들을 잘한다. 하지만 우리가 인생에 굴곡을 가질 때, 그것은 우리를 영적 선잠에서 깨어나게 하고 "믿음, 소망, 사랑, 자기부인, 그리고 다른 은혜의 행위들"을 많이 낳게 한다.[10]

## 하나님의 선하심을 신뢰하라

고난의 이유를 열거한 핵심은 하나님께서 우리의 운명에 특정한 굴곡을 두신 까닭을 우리가 항상 이해할 수 있다고 이야기하려는 것이 아니다. 오히려 **하나님께서 그것을 허락하신 이유를 아신다**는 것이 핵심이다. 인생의 무언가가 구부러진 것 같을 때, 우리는 보통 재빨리 하나님께 가서 하나님이 그것을 어떻게 곧게 하셔야 하는지 말한다. 하지만 오히려 하나님께서 **우리를 곧게 하시도록** 해야 한다! 우리의 고난을 다스리시는 그분의 주권 안에서 하나님은 우리의 영적 유익을 위해 일하신다. 따라서 우리는 그분을 신뢰하도록 부름받는다. 심지어 구부러져 보이는 것들에 대해서도 그렇다.

하나님께서 그분이 하고 계신 일을 잘 아신다는 사실을 믿기 어려울 때마다 우리는 우리를 구원하신 분의 사역을 되돌아보아야 한다. 우리의 선한 목자가 자기 운명에 굴곡을 가지셨다는 사실을 기억하라. 그것은 십자가 모양의 굴곡이다. 겟세마네 동산의 기도에서 예수님은 하나님 아버지께 갈보리를 구부리지 않고 곧게 하실 방법이 있는지 여쭈었다. 하지만 다른 방법이 없었다. 예수님은 하나님의 일하심을 되돌아보시며 우리 죄를 대속할 수 있는 유일한 방법은 우리 대신 죽는 것이란 사실을 이해하셨다. 그래서 예수님은 굴곡진 십자가의 고난을 겪으셨다. 그것은 하나님께서 그분에게 주신 견뎌야 할 운명이었다. 고난 중에도 예수님은 하나님 아버지를 신뢰하셨다. 아버지께서 때가 되면(3일째 되는 날) 자신을 일으키심으로써 상황을 곧게 하시리라 믿고 기다리셨다.

하나님께서 십자가에서처럼 구부러진 것을 곧게 하실 수 있다면, 우리 운명의 굴곡으로도 무언가를 하실 것을 신뢰할 수 있다.

다음은 제임스 몽고메리 보이스(James Montgomery Boice)가 필라델피아 제10장로교회에 전한 마지막 간증이다. 보이스 박사는 치명적인 악성 암 진단을 받았다. 자기의 병을 공표할 때 그에게는 겨우 3주가 남아 있었다. 그것이 그의 운명의 굴곡이었다.

고별 연설에서 보이스 박사는 하나님의 주권과 선하심에 기초한 진지한 질문을 던졌다. "만약 하나님께서 당신 인생에 무언가를 하신다면 당신은 그것을 바꾸겠습니까?" 코헬렛 식으로 말하면 다음과 같다. "만약 하나님께서 당신의 운명에 굴곡을 놓으신다면 그것을 곧게 하려고 애쓰겠습니까?"

당신은 어떤가? 신체장애나 질병을 제거하겠는가? 직업이나 재정 상황을 바꾸겠는가? 외모나 능력이나 인생의 국면을 바꾸겠는가? 아니면 인생의 모든 구부러진 것들에 대해 하나님을 신뢰하며 그분이 곧게 하실 때까지 기다리겠는가? 그 기다림이 설령 부활 때까지의 기다림일지라도 그리하겠는가? 예수님이 당신을 위해 십자가에서 죽으셨을 때 그러셨던 것처럼 말이다.

보이스 박사는 하나님의 주권적 의지의 선하심을 증명함으로써 자기의 수사학적 질문에 답했다. 그는 우리가 만약 하나님께서 하신 일을 바꾸려 한다면 그것은 예전만큼 선하지 않을 거라고, 상황을 더 악화시킬 뿐이라고 말했다.[11] 전도서를 쓴 전도자도 비슷하게 말했다. "하나님의 일하심을 되돌아보아라. 하나님께서 굽게 하신 것을 곧게 하려 하지 말라."

우리의 구주도 똑같이 말씀하실 것이다. "하나님의 일하심을 되돌아볼 때 굴곡진 십자가를 통해 보여 준 너희를 향한 나의 사랑을 기억해라. 그리고 하나님 아버지께서 그분의 선하신 때에 모든 것을 곧게 하실 것을 신뢰해라."

Why Everthing Matters

# 9. 창조주를 기억하라!

너는 청년의 때에 너의 창조주를 기억하라.
곧 곤고한 날이 이르기 전에, 나는 아무 낙이 없다고 할 해들이 가깝기 전에

**전 12:1**

미국 미용 성형외과학회(ASAPS)에 의하면, 성형외과 의사들은 매년 천만 건 이상의 시술을 하는데 그 대부분이 의학적으로 불필요한 시술이라고 한다.

저널리스트 베스 티틀(Beth Teitell)은 그 모든 성형수술에 우려를 표한다. 위험하거나 무분별하기 때문이 아니라 그로 인해 또래의 여성들이 상대적으로 더 나이 들어 보이게 만들기 때문이다. 티틀은 『젊음의 샘에서의 술 문제』(Drinking Problems at the Fountain of Youth)라는 책에서 누구도 이런 두려움에서 안전하지 않다고 논평했다. 어마어마한 부자도 예외가 아니다.

나는 좋은 대학에 들어가려고 열심히 공부하고, 부러워할 만한 직장에 안착하기 위해 인맥을 넓히고, 결혼을 잘하고, 랄프 로렌 광고를 찍을 만한 아이들을 낳고, 나무랄 데 없는 섬에서 나무랄 데 없는 비치타월을 두르고 나무랄 데 없는 상속자들(세스나[Cessna, 미국 경비행기 제조사—역주]의 분할 소유권을 가진 자들)과 함께 휴가를 보내는 여자들을 안다. 하지만 만약 갓 다림질된 프라테시 린넨(Pratesi, 고급 린넨 브랜드—역주)보다 더

매끄럽던 그들의 꼭두각시 입과 윗입술 라인에 깊은 주름이 생긴다면, 그게 대체 무슨 소용인가? 한마디로 아무 소용없다.[1]

알았든 몰랐든 티틀은 현대 최고의 우상 숭배에 직면해 있다. 바로 젊음에 대한 숭배다. 이 신(神)에 대한 숭배는 자신이 늙어가고 있음을 아는 사람들에게 젊음을 유지하려는 쉼 없는 노력을 요구한다.

그런데 많은 청년들이 같은 신을 숭배한다. 그들은 노인을 존중하기보다 구닥다리로 보이는 생각들을 경멸한다. 새롭고 유행에 민감한 것만을 원한다. 그들에게 늙는다는 것은 상상하기 어려운 일이다. 선택하라고 한다면 어떤 청년들은 차라리 일찍 죽겠다고 할 것이다.

우리가 젊든지 늙든지, 아니면 그 중간 어디쯤에 있든지 전도서가 우리를 돕는다. 이 책을 쓴 전도자는 어떤 연령에서든 인생의 기쁨을 만끽하라고 가르친다.

하지만 그는 노인이 되면서 겪게 될 고난에 대해서도 솔직하다. 그는 우리가 어떤 나이이든 성령님의 지혜를 의지하여 잘 살라고 요청한다.

### 젊은 날의 즐거움

냉정하게 말하면, 그럼에도 불구하고 전도서는 젊음의 힘을 기뻐한다. 이 책을 쓴 솔로몬은 (비관주의가 아니라면) 사실주의적 관점으로 인생의 고난을 바라본다. 하지만 그런 중에도 "청년이여 네 어린 때를 즐거워하며 네 청년의 날들을 마음에 기뻐하라"(전 11:9)고 말한다. 이런 방식으로 저자는 우리에게 **젊음의 힘을 기뻐하라**고 명령한다.

청년들은 진실로 복되다. 일반적으로 그들은 어른의 책임에 동반되는 걱정거리가 적다. 몸은 점점 더 강해진다. 마음은 편안한 웃음으로 가득하다. 위험을 감수할 수 있는 자유가 있고, 인생의 새 길을 갈 수 있는 시간이 충분하다. 감히 세상을 변화시킬 수 있다는 꿈을 꾼다. 뿐만 아니라 하늘에 계신 아버지께서 "너의 젊음의 힘을 기뻐하라"고 말씀하시며 이런 축복을 승인해 주신다.

그러나 여기에서도 전도서는 경고의 메시지를 남긴다. 전도자가 우리에게 마음에 원하는 대로 행하라고 할 때, 어떤 사람들은 마음에 내키는 대로 뭐든 할 수 있다고 생각하는 유혹에 빠질 수 있다. 그것은 젊거나 늙은 우리 모두에게 오는 유혹이다.

우리는 마음에 원하는 대로 행하면서 자기 자신을 최우선으로 생각하기 쉽다. 다른 사람들이 우리의 계획에 맞춰 주고 우리가 원하는 것을 인생에서 제거해 주기 바란다.

어떤 사람들에게는 마음에 원하는 길을 걷는다는 것이 결과를 생각하지 않고 그 순간만을 위해 사는 것을 의미한다. 자신의 뒤를 깔끔하게 정리하기보다 뒤처리를 엉망으로 만든다. 장기적인 헌신 없이 즉각적인 쾌락을 움켜쥔다.

그래서 전도자는 우리가 마음에 원하는 대로 행함에 있어서 거룩으로 부름받았음을 분명히 한다. "마음에 원하는 길들과 네 눈이 보는 대로 행하라. 그러나 하나님이 이 모든 일로 말미암아 너를 심판하실 줄 알라"(전 11:9). 그리고 다음 절에서 "어릴 때와 검은 머리의 시절이 다 헛되니라"(전 11:10)고 경고한다.

전도자는 청년들이 돈, 섹스, 이미지, 능력 등 많은 유혹에 직면할 것을 안다. 또한 하나님께서 우리가 생각하고 말하고 행동한 모든 것을 심판하실 의로운 재판관이신 것도 안다. 때문에 전도자는 우리 눈에 좋아 보이는 것을 행할 때마다 우리 행위에 대해 하나님께 답해야 한다고 상기시킨다.

청년들은 특히 "육신의 정욕과 안목의 정욕과 이생의 자랑"(요일 2:16)을 인지해야 한다. 전도자가 이 말을 하는 것은 인생에서 기쁨을 제거하려는 것이 아니다. 참된 기쁨은 오직 하나님께 복종하는 마음에서 흘러나옴을 상기시키기 위해서다.

전도서 11장 9절 끝에 사용된 "심판"이라는 단어는 문자적으로 **그 심판**이다. 즉 "하나님이 예수 그리스도로 말미암아 사람들의 은밀한 것을 심판하시는"(롬 2:16) 위대한 날을 가리킨다. 우리 일상의 결정에서 어떤 차이를 낳기엔 그날이 너무 멀어 보일지 모른다. 하지만 우리의 위대한 재판관께서는 "땅끝까지 감찰하시며 온 천하를 살피신다"(욥 28:24 참조). 이 말은 곧 우리가 행하는 모든 것이 영원을 위해 중요하다는 뜻이다. 우리가 돈을 어떻게 쓰는지, 손과 발로 무엇을 하는지, 시간을 어떻게 사용하는지, 미래를 위해 무슨 계획을 세우는지, 인간 관계를 어떻게 다루는지 등 우리가 만지고, 맛보고, 듣고, 보는 모든 것이 영원이라는 맥락에서 하나님께 중요하다.

책임감 있게 기뻐하라. 하나님을 경외하며 인생의 쾌락을 음미하라. 젊음이라는 선물을 기뻐할 때 "청년의 정욕을 피하고 주를 깨끗한 마음으로 부르는 자들과 함께 의와 믿음과 사랑과 화평을 따르라"(딤후 2:22)는 하나님의 부르심을 좇으라.

## 노년의 아쉬움

여기 두 번째 명령이 있다. "너는 청년의 때에 너의 창조주를 기억하라"(전 12:1). 젊음의 힘을 기뻐하는 동안 우리는 우리의 창조주 하나님을 기억해야 한다. 이 명령을 성경적 맥락에서 이해하려면 대부분의 사람들이 늙어서 맞이하게 되는 인생의 마지막으로 필름을 빨리 돌려야 한다. 길고도 느린 인생의 말년이 지나면 우리는 결국 생의 마지막 날에 이르러 마지막 숨을 들이쉴 것이다.

노년이 어떠할지 상상하기 어렵다면 전도서가 도움이 된다. 여기서 전도자는 죽을 수밖에 없는 존재의 현실에 관해 성경을 통틀어 가장 인상적인 문구를 남긴다. 또한 늙음에 관해 이제껏 쓰인 그 어떤 시보다도 아름다운 시를 쓴다. 우리의 창조주를 기억할 때란 바로 다음과 같은 때다.

해와 빛과 달과 별들이 어둡기 전에,

비 뒤에 구름이 다시 일어나기 전에 그리하라.

그런 날에는 집을 지키는 자들이 떨 것이며

힘 있는 자들이 구부러질 것이며

맷돌질하는 자들이 적으므로 그칠 것이며

창들로 내다보는 자가 어두워질 것이며

길거리 문들이 닫혀질 것이며

맷돌 소리가 적어질 것이며

새의 소리로 말미암아 일어날 것이며

음악하는 여자들은 다 쇠하여질 것이며

또한 그런 자들은 높은 곳을 두려워할 것이며

길에서는 놀랄 것이며

살구나무가 꽃이 필 것이며

메뚜기도 짐이 될 것이며

정욕이 그치리니 (전 12:2-5).

한 번 듣는 것으로는 솔로몬의 말을 제대로 감상하기 어려울 수 있다. 그래서 이미지를 펼쳐 보는 것이 중요하다.

전도서 12장 2절은 노년의 고난을 일어나는 비구름에 비유한다. 밤과 낮 둘 다 구름으로 어두워진다. 비가 내린 후에 다시 비구름이 일어난다. 이것은 사람이 늙어갈 때 일어나는 일이다. 젊을 때에는 비구름 낀 하늘이 다시 맑아질 시간이 있지만, 노인들은 회복될 시간이 부족하거나 없는 채로 연이어 고난을 겪을 수 있다. 생명의 빛이 희미해진다.

전도서 12장 3-5절은 노인을 썩어 부서지는 집에 비유한다.[2] "집을 지키는 자들"은 노인의 팔을 의미하는데, 그것이 떨기 시작한다. "힘 있는 자들"은 다리인데, 나이가 들어 구부러진다. "맷돌질하는 자들"은 치아인데, 남아 있다 해도 당연히 멈춘다. "창들"은 눈인데, 백내장이나 다른 시력 상실로 어두워진다. "문들"은 귀인데, 이미 귀가 먹었거나 거의 들리지 않기 때문에 일상의 콧노래에 닫힌다. "음악하는 여자들"은 성대인데, 더 이상 달콤한 음악을 만들 만한 탄력이 없다. 살구나무가 봄에 희어지기 때문에 "살구나무가 꽃이 필 것"이란 말은 노인의 머리칼이 늙어 가면서 희어지는 것을 가리킨다.

우리가 젊어서 죽지 않는 한, 혹은 세상이 예수 그리스도의 재림으로 중단되지 않는 한, 이 구절들에 묘사된 것이 우리 모두에게 일어날 것이고, 이 낡은 집은 결국 무너져 폐허가 될 것이다.

늙음에 동반되는 것은 몸의 쇠약만이 아니다. 전도서 12장 4절에 따르면 노인은 잠자는 데도 어려움을 겪는다. 그들은 첫 새소리에 깨고 동이 트기 전에 일어난다. 5절에 따르면 그들은 높은 데서 떨어지는 것이나 길에서 공격당하는 것을 두려워한다.

또한 노인은 정욕의 감소를 겪는다. 피트 시거(Pete Seeger, 미국의 포크음악가-역주)는 "내 젊음이 다 간 것을 어찌 알까? 나의 패기가 가 버렸다네."라고 노래했다.

성경의 예로는 다윗 왕이 마지막으로 늙은 바르실래를 예루살렘 왕궁으로 초청했을 때 그가 했던 탄식을 생각해 보라. "내 나이가 이제 팔십 세라. 어떻게 좋고 흉한 것을 분간할 수 있사오며 음식의 맛을 알 수 있사오리이까. 이 종이 어떻게 다시 노래하는 남자나 여인의 소리를 알아들을 수 있사오리이까"(삼하 19:35). 이에 대한 답은 한마디로 "할 수 없다."일 것이다.

인생의 마지막으로 필름을 빨리 돌린다면 이윽고 젊음의 쾌락이 정욕을 일깨울 힘을 잃는 장면에 이르게 될 것이다. 그리고 그날이 오면, 안타깝게도 우리는 더 이상 젊음의 힘을 기뻐하라는 성경의 권고를 따를 수 없을 것이다.

### 돌이킬 수 없는 최후

부서지는 낡은 집은 슬프게도 언젠가 붕괴할 것이다. 전도자는 전도서 12장 5절의 메뚜기 이미지를 가지고 우리의 비통한 죽음을 준비시킨다.

전형적으로 메뚜기는 공중에 높이 뛰어오른다. 따라서 뻣뻣하게 자기 몸을 땅에 문지르는 메뚜기는 죽은 사람을 의미한다. 이와 같이 딱한 운명이 우리 모두를 기다리고 있다.

솔로몬을 생각할 때 죽음이 맨 끝이라는 사실은 창조주를 잊지 말아야 할 좋은 이유가 된다.

왜 우리는 청년의 때에 우리의 창조주를 기억해야 할까? "이는 사람이 자기의 영원한 집으로 돌아가고 조문객들이 거리로 왕래하게 됨이니라. 은줄이 풀리고 금그릇이 깨지고 항아리가 샘 곁에서 깨지고 바퀴가 우물 위에서 깨지고 흙은 여전히 땅으로 돌아가고 영은 그것을 주신 하나님께로 돌아가기 전에 기억하라"(전 12:5-7).

이것은 죽음에 관한 인상적인 묘사다. 죽는 것은 자기의 영원한 집으로 돌아가는 것이다. 우리는 여기서 영원히 살지 않는다. 오늘은 젊고 강하지만 이미 점점 늙어 가고 있고, 내일은 조문객들이 장례를 위해 우리의 주검을 나를 것이다.

죽음은 은줄이 풀리고 금그릇이 깨지는 것과 같다. 귀중하고 아름다운 무언가가 깨진다. 은유를 바꿔 보면, 죽음은 물을 길으려 했으나 샘 곁에서 깨진 항아리나 깨진 바퀴와 같다. 도구가 수리 불가능하게 망가졌다. 그래서 생명수를 긷는 데에는 무용지물이다.

전도서는 죽음에 관해 또 무엇을 말하는가? 죽는 것은 흙으로 돌아가는 것이다. 그것은 하나님께서 아담과 우리 모두의 죄에 대해 선포하셨던 저주다(창 3:19 참조). 예수님께서 십자가 위에서 당하셨던 저주와도 같다.

우리는 하나님께 버림받은 종에 관한 시편에서 그분이 아버지께 "주께서 또 나를 죽음의 진토 속에 두셨나이다"(시 22:15)라고 말씀하는 것을 듣는다. 이 일이 예수님께 일어났다면 우리 모두에게도 일어날 것이다. 우리 역시 흙으로 만들어졌고(창 2:7; 시 103:14) 흙으로 돌아갈 것이다. 언젠가 우리의 몸은 땅으로 돌아가고 우리의 영혼은 창조주께로 돌아갈 것이다. 죽음이 죽은 자들의 부활 때까지 몸과 영혼을 분리하기 때문이다.

이것이 타락한 세상에서의 생명과 죽음에 관한 냉엄한 현실이다. 즉 젊은 사람이든 나이가 많은 사람이든, 우리 모두가 직면해야 할 현실이다.

### 기억해야 할 이유

전도서가 이 모든 것을 우리에게 보여 주는 이유(인생의 마지막에 직면시키는 이유)는 **그때** 일어나는 일이 오늘을 살아가는 방식에 영향을 미치기 때문이다. 전도자는 이 모든 안 좋은 일들이 일어나기 전에(점점 나이 들다가 결국 죽기 전에) **지금** 우리의 창조주를 기억하라고 요청하고 있다.

아일랜드의 록스타 보노(Bono)는 전도서가 잘 요약된 책을 한 권 소개한다. 공교롭게도 그건 그가 아끼는 책 중 하나다. "이 책은 자기가 살아 있는 이유, 창조된 이유를 찾고 싶어 하는 등장인물에 관한 책이다. 그는 지식을 시험해 본다. 부를 시험해 본다. 경험을 시험해 본다. 온갖 것을 시험해 본다. 당신은 책의 결말을 향해 돌진하게 된다. 그 이유를 찾고 싶어서다. 결말은 말한다. '너의 창조주를 기억하라.' 어떤 면에서 좀 허탈하다. 하지만 결코 그렇지 않다."[3]

그러므로 당신의 창조주를 기억하라. 살아 계신 하나님과의 관계 안에서 자라 가라. 당신을 창조하신 하나님을 마음에 새기라. 그분의 아들을 알라. 예수 그리스도의 주 되심 아래서 성령님과 동행하라. 이것이 전도서의 지혜로운 조언이고, 우리가 그 조언을 따라야 할 이유는 수없이 많다.

당신의 창조주를 기억하라. 그분은 분명 당신의 창조주, 곧 젊음과 힘의 근원이시다.

오늘 당신을 만드신 하나님을 찬송하라. 하나님께서 당신에게 주신 선물들을 기뻐하라.

당신에게 어떤 이성적 능력이 있든, 어떤 소통의 기술이 있든, 음악과 미술에 어떤 창의성이 있든, 과학에 어떤 열정이 있든, 운동에 어떤 소질이 있든, 어떠한 우정이 있든, 궁핍한 사람들을 향한 어떤 긍휼이 있든, 그 모든 것이 당신의 창조주 하나님에게서 온 선물이다. 당신을 지금의 모습 그대로 창조하신 그분을 찬양하라!

당신의 창조주를 기억하라. 그분은 당신의 구주이시다. 예수 그리스도는 창조주 하나님이시다. "만물이 그에게서 창조되되 하늘과 땅에서 보이는 것들과 보이지 않는 것들과 혹은 왕권들이나 주권들이나 통치자들이나 권세들이나 만물이 다 그로 말미암고 그를 위하여 창조되었다"(골 1:16 참조).

구속사적 관점으로 전도서를 볼 때, 우리의 창조주를 기억하라는 요청을 예수 그리스도께 영광을 돌리라는 요청으로 인식할 수 있다.

예수님은 우리를 만드신 분일뿐 아니라 우리를 구속하신 분이기도 하다. 그분의 십자가 죽음으로 우리의 모든 죄가 용서되었다.

그러므로 하나님께서 우리에게 자비를 베푸시기를 기도해야 한다! 십자가에서 죽으신 주 예수 그리스도께서 우리의 무례한 언사, 냉소적 비판, 부정한 욕망, 지독한 저주, 경솔한 거짓말, 좀도둑질, 그리고 교만한 우상 숭배를 용서하시기를 기도해야 한다!

우리가 청년의 때에 우리의 구주를 기억한다면 우리의 모든 죄에 대한 자비를 발견할 것이다.

우리의 창조주를 기억해야 하는 또 다른 이유가 있다. 나이가 들수록 점점 더 많이 잊어버리기 때문이다. 종국에는 우리가 사랑하는 사람들조차 잊어버릴지 모른다.

하지만 우리가 평생에 걸쳐 우리의 창조주를 기억하는 연습을 한다면(매일 기도하고, 성경을 읽고, 지역 교회에서 신실한 예배에 참석하는 등 경건한 습관을 유지한다면) 세상에서 가장 중요한 진리들을 결코 잊지 않을 것이고, 누가 우리의 구주이신지 항상 기억할 것이다. 그분이 얼마나 신실하게 평생토록 우리와 동행하셨는지, 그리고 영원을 위해 우리에게 얼마나 많은 약속을 주셨는지 알 것이다.

많은 그리스도인이 존 뉴턴(John Newton)의 이름을 안다. 그는 노예 무역 상인이었다가 그리스도를 믿게 되었고, 훗날 '나 같은 죄인 살리신'(Amazing Grace)을 비롯한 많은 감동적인 찬송가를 썼다. 뉴턴이 자기 생의 마지막 순간에 했던 유명한 말이 있다. "내 기억력은 흐릿하지만 아주 분명하게 기억하는 두 가지가 있다. 하나는 내가 큰 죄인이라는 것이고, 또 하나는 그리스도께서 위대한 구주시라는 것이다."

우리가 청년의 때에 우리의 창조주이자 구주이신 그분을 기억한다면 죽음을 맞이하는 그날까지 그 진리를 결코 잊지 않을 것이다.

청년의 때에 우리의 창조주를 기억해야 하는 또 하나의 이유는 우리가 지금 그분을 기억한다면 남은 생을 그분을 섬기는 데 헌신할 수 있기 때문이다.

그러므로 당신에게 아직 지각이 있을 때 예수님을 기억하라. 당신의 인생을 향한 그분의 계획을 당신이 아직 기록하고 있을 때 그분을 기억하라. 나중에 후회하게 될 수많은 나쁜 결정을 내리기 전에 그분을 기억하라. 그분의 영광을 위해 드릴 수 있는 인생이 당신에게 아직 남아 있는 지금 그분을 기억하라.

찰스 브리지스는 다음과 같이 기록한다. "많은 사람이 너무 늦게 기억해 냈다. 너무 일찍 기억해 낸 이는 아무도 없었다."[4]

빌리 그레이엄(Billy Graham)의 메디슨 스퀘어 가든 전도집회를 보도한 어느 기사는 한 노인의 이야기를 전한다. 그는 노스캐롤라이나에 있는 자신의 집에 돌아와 TV를 시청하고 있었다. 그는 평생 교회에 출석했지만 예수 그리스도께 자신을 위탁한 적이 없었다. 출석하는 교회의 목사가 종종 영적인 결단을 내리도록 촉구할 때도 그는 항상 거부했다.

그런데 그날 밤 빌리 그레이엄이 방송에 나오자 그 남자는 의자에 앉아 심하게 흐느꼈다. 아내가 무슨 일이냐고 물었을 때 그는 이렇게 대답했다. "그리스도께 내 마음을 드렸소. 결국 그리스도께 내 마음을 드렸소."

다음 날 아침 잠에서 깨어난 아내는 남편이 침대에 없는 것을 보고 깜짝 놀랐다. 잠시 후 정원에 있는 남편을 발견했지만, 그는 땅에 얼굴을 묻고 누운 채 심장마비로 죽어 있었다.[5]

그의 이야기는 하나님의 은혜의 이야기다. 생명이 있는 곳에 소망이 있다. 산 자가 예수님을 믿고 구원받는 데 너무 늦은 때란 없다. 그러나 한편으로 이 이야기는 비극이기도 하다. 왜냐하면 그 노인이 청년의 때에 자신의 창조주를 기억했다면 마지막 하루뿐 아니라 전 생애를 예수님을 섬기는 데 드렸을 테니 말이다.

우리 중 그 누구도 우리에게 남은 생이 얼마인지를 알지 못한다. 다만 우리가 아는 한 가지가 있다. 예수님을 위해 살기 시작하는 데 너무 이른 때는 결코 없다는 사실이다.

휘튼대학 총장으로서 나는 최근의 졸업생인 섀넌 윌크스(Shannon Wilkes)의 부동산을 유산으로 받으며 큰 감명을 받았다. 대학 공동체인 우리는 채플 예배 중에 종종 섀넌을 위해 기도했다. 그녀는 공부뿐 아니라 축구 선수로도 휘튼에 입학을 허가받았다. 그래서 그녀는 선수로 뛰었고 휘튼은 전미 대학 체육 협회(NCAA)의 챔피언십을 거머쥐었다. 하지만 이듬해 그녀는 암을 선고받았고 5년의 투병 끝에 구주와 함께할 본향으로 돌아갔다.

섀넌 윌크스는 겸손과 용기와 인내와 이타적인 사랑으로 유명했다. 극심한 육체적 고통이 구주에 대한 믿음을 감소시키는 것을 허락하지 않았다. 학사 학위를 받지 못하게 막는 것도 허락하지 않았다. 좋지 않은 예후에도 불구하고 그녀는 일평생을 그리스도와 그분의 나라를 섬기는 데 사용할 준비를 하고 있었다.

섀넌의 마지막 청지기 행위는 자신에게 남겨진 재정 전부를 휘튼대학에 기부하는 것이었다. 다른 학생들이 그리스도 중심적 교육을 받도록 돕기 위한 소중한 선물이었다. 요약하자면 섀넌 윌크스는 청년의 때에 그녀의 창조주를 기억했다.

### 우리를 결코 잊지 않으시는 하나님

하나님을 기억해야 할 합당한 이유들이 많지만 그중에서도 가장 중요한 이유가 있다. 우리가 창조주를 기억해야 할 이유는 바로 그분이 우리를 기억하시기 때문이다.

우리를 만드신 하나님은 그분이 우리를 지금 모습 그대로 만드셨다는 사실에 기뻐하신다. 그분은 우리에게 주셨던 선물과 그 선물들이 발전되어 가는 방식과 우리 인생에 대한 그분의 목적을 기뻐하신다.

우리 구주께서는 우리가 누구인지 기억하신다. 영원 전부터 우리에 관해 생각해 오셨고 지금도 생각하신다. 십자가로 가셨을 때, 무덤에서 일어나셨을 때, 영광에 오르셨을 때, 그분은 우리를 마음에 두셨다. 우리 인생에서 날마다 우리를 돌아보셨다. 뿐만 아니라 그분 나라에 임하실 때 우리를 기억하겠다고 약속하셨다. 우리의 발자취를 결코 놓치지 않으실 것이며 우리를 일으켜 영생으로 인도하실 것이다.

하나님께서 기억하시겠다는 약속은 알츠하이머병을 앓으셨던 내 외할아버지의 인생 말년에 특별한 위로였다.

외할아버지는 90대 초반에 무언가를 기억하는 것이 상당히 어렵다는 걸 발견하셨다(때로는 본인이 누구인지도 기억해 내지 못하셨다). 그것은 외할아버지에게 대단한 스트레스였다. 자신이 헷갈리고 있다는 건 아셨지만 왜 그런지는 모르셨다. 외할아버지는 어머니께 이렇게 말씀하셨다. "내가 누군지 기억할 수가 없어!" 그러면 어머니는 "아빠, 괜찮아요. 아빠가 누구신지 저는 알아요. 아빠에게 필요한 모든 걸 제가 처리할 수 있어요."라고 말씀하셨다.

하나님은 뛰어난 기억력을 갖고 계시다. 우리를 잊지 않으실 것이다. 때문에 마지막 날에 우리의 몸은 온전히 회복될 것이다. 썩고 부서진 만물이 새롭게 될 것이다. 요컨대 우리의 낡은 집이 새 집이 될 것이다. "만일 땅에 있는 우리의 장막 집이 무너지면 하나님께서 지으신 집 곧 손으로 지은 것이 아니요 하늘에 있는 영원한 집이 우리에게 있는 줄 아느니라"(고후 5:1).

이 모든 것이 우리가 창조주 하나님과 부활하신 구주 예수 그리스도를 기억해야 할 충분한 이유다.

Why Everthing Matters

# 10. 하나님을 경외하는 삶

일의 결국을 다 들었으니 하나님을 경외하고 그의 명령들을 지킬지어다.
이것이 모든 사람의 본분이니라.
하나님은 모든 행위와 모든 은밀한 일을 선악 간에 심판하시리라

전 12:13-14

하나님이 안 계시다면 재판관이 없는 것이다. 재판관이 없다면 최후 심판도 없을 것이다. 최후 심판이 없다면 인생의 궁극적 의미도 없다. 이것이 아서 밀러(Arthur Miller)의 『타락 이후』(After the Fall)에 있는 캉탱이 주장한 논리다. 캉탱은 말한다.

> 수년간 나는 인생을 법정 소송으로 여겼다. 인생은 증명의 연속이었다. 젊을 때에는 얼마나 용감한지를 증명한다. 다음에는 얼마나 멋진 사랑꾼인지를, 다음에는 좋은 아버지임을, 최종적으로는 얼마나 지혜로운지, 혹은 강한지를 증명한다. … 이제 나는 그 배후에 한 가지 전제가 있음을 본다. 그것은 바로 사람은 위쪽으로 난 길을 따라 어떤 고지를 향해 … 움직인다는 것이다. 거기서 … 하나님은 내가 의롭다는 판결을 받을지, 혹은 유죄 판결을 받을지 … 아신다. 어쨌거나 판결이 난다. 지금의 내 생각으로 나의 재앙은 어느 날 고개를 들었는데 … 판사석이 비어 있을 때부터 시작되었다. 재판관이 보이지 않았다. 남겨진 거라곤 끝없는 자기논쟁, 곧 텅 빈 판사석 앞에서 이뤄지는 존재에 관한 무의미한 소송뿐이었다. … 달리 말해 그것은 절망이다.[1]

캉탱의 논리에 따르면 세상을 심판하실 하나님이 안 계시다면 인간의 존재는 부질없는 절망 속에서 끝나는 무의미한 소송이다. 전도서를 쓴 솔로몬도 동의했을 것이다. 솔로몬은 처음부터 줄곧 하나님이 안 계시다면 의미가 없다고 말해 왔다.

## 처음과 끝

"헛되고 헛되도다. 모든 것이 헛되도다"(전 12:8). 이 말은 전도자의 첫마디(전 1:2 참조)인 동시에 마지막 말이기도 하다. 즉 이것은 **인클루시오**(inclusio)로 알려진 문학 기법인데, 작가가 동일한 말로 작품을 시작하고 끝내는 것이다.

전도서를 통틀어 '헛되다'에 해당하는 히브리어 **헤벨**(hevel)은 타락한 세상에서 인생의 덧없음을 표현하기 위해 전도자의 다목적 은유로 사용되었다. 문자적으로 보면 그 단어는 차가운 아침에 따뜻한 호수에서 피어나는 증기와 같은 숨, 혹은 물거품을 가리킨다. 인생도 그렇다. 얇은 공기 속으로 사라진다. 모든 것이 덧없다.[2]

물거품 같은 우리의 존재는 새뮤얼 베킷(Samuel Beckett)의 '숨'(Breath)이라는 연극에서 극적으로 표현되었다. 그 연극은 35초 만에 끝난다. 커튼이 열리면 무대 위에 한 줄기 조명이 비추는 쓰레기더미가 있다. 조명은 어두워지다가 완전히 꺼지기 전에 조금 밝아진다. 이 연극에는 대사도 배우도 없다. 오직 인간의 울음소리, 뒤이은 들숨소리, 날숨소리, 그리고 또 다른 울음소리가 담긴 음향뿐이다. 이 짧은 연극은 다윗이 그의 시편에 쓴 말을 묘사한다. "사람의 일생은 한순간의 입김에 불과하다"(시 39:11, 5 쉬운성경 참조).

전도서의 구조는 시작과 끝에서 인생의 덧없음을 동일하게 진술함으로써 "해 아래에는 새것이 없다"(전 1:9 참조)는 요점을 한층 강화한다. 전에도 그랬듯이 지금도 그러하고 앞으로도 영원히 그러할 것이다. 모든 것이 늘 헛되다. 우리는 시작했던 바로 그곳에 돌아와 마친다.

하지만 전도자가 그저 자신의 말을 반복하고 있을 뿐이라고 생각해선 안 된다. 전도서 12장 8절은 우리를 시작 지점으로 다시 데려가지만 우리는 처음에 전도서를 읽기 시작했을 당시의 사람들과 동일하지 않다.

전도서를 공부하는 것은 우리에게 인생에 대한 더 큰 관점을 준다. 그래서 시작할 때 들었던 것과 동일한 진술을 맨 마지막에 다시 들을 때, 그 말은 우리에게 더 강력한 일격을 가한다. 이제 우리는 일이 헛되다는 것을 안다. 해 아래에서 수고하는 모든 수고로부터 우리가 얻을 게 없기 때문이다(전 1:3 참조). 인간의 지혜 역시 헛되다는 것도 안다. 지혜자이든 우매자이든 우리 모두가 결국 죽을 것이기 때문이다

(전 2:15-16). 쾌락이 헛되다는 것도 안다. 술과 여자와 노래, 집과 포도원, 금과 은 등이 모두 "해 아래에서 무익한 것"이다(전 2:11).

모든 것이 헛되다. 권력도 헛되다. 학대받는 자들의 눈물을 위로할 자가 없기 때문이다(전 4:1). 돈도 헛되다. 우리의 영혼을 만족시킬 수 없기 때문이다(전 5:1). 모든 헛된 것들 중 가장 헛된 것은 바로 우리가 만들어진 흙으로 다시 돌아가는 것이다. 우리는 흙이니 다 흙으로 돌아갈 것이다(전 3:20).

**우리에게 아무 기쁨도 없다는 뜻은 아니다.** 코헬렛은 먹고 마시며 일에서 만족을 찾으라고 말한다(예를 들면 전 2:24). 치료할 때와 추수할 때가 있으며, 웃을 때와 춤출 때가 있다(전 3:1-8).

전도자는 우리에게 하나님께서 풍성히 공급하시는 번영 속에서 기뻐하고(전 5:19, 7:14), 사랑하는 사람과 함께 인생을 즐기라(전 9:9)고 말한다. 신실하신 하나님의 축복 아래 있는 세상에는 기쁨이 있기 때문이다.

전도서는 주로 하나님이 없다면 인생이 얼마나 부질없는지, 우리의 창조주를 그분의 우주에서 제거하려 할 때 해 아래 얼마나 적은 기쁨만이 남게 되는지를 보라고 가르친다.

이 책의 결말에 이른 지금, 우리는 저자가 자신의 주장을 증명해 냈음을 인정해야 한다. 데릭 키드너는 다음과 같이 말했다. "우리가 찾는 그 무엇도 우리를 본향으로 인도하지 않았다. 해 아래에서 우리에게 제공된 그 무엇도 지켜야 할 우리 것이 아니다."[3] 헛되고 헛되다! 모든 것이 헛되다.

## 인생을 담은 문학

하지만 '헛되다'는 성경에서도, 그리스도인의 인생에서도 최종 결정권을 갖지 않는다. 전도서는 12장 8절의 "모든 것이 헛되도다."에서 끝나도 문제가 없어 보인다. 하지만 전체 내용을 아우르는 진술을 덧붙이며 마무리된다.

전도서의 에필로그는 다른 누군가에 의해 쓰였을 수 있다. "저자의 모호함"이 있다.[4]

전도서 12장 8절까지는 여전히 전도자가 말하고 있지만 9절에 이르러 변화가 생긴다. 누군가가 원저자를 3인칭으로 언급한다. 마치 "이제 내가 이 모든 일에 대해 나만의 관점을 말할 수 있게 하시오."라고 말하는 것 같다.[5]

일부 학자들은 심지어 두 개의 에필로그가 있다고도 생각한다. 즉 전도자에게 동의하는 사람이 쓴 9-11절이 하나이고, 전도자를 교정해 주려는 사람이 쓴 12-14절이 하나라는 것이다.[6]

하지만 거의 전부에 동의하지 않는 책을 출판하면서 편집자가 대체 무엇을 노리려고 그렇게 한단 말인가?

마지막 여섯 절은 코헬렛, 곧 전도자인 왕이 아닌 다른 누군가에 의해 쓰였을 가능성이 있다. 하지만 조심스럽게 들여다보면 저자의 가르침을 하나님 앞에서 우리 인생에 실제로 적용하기 전에 저자가 말한 내용과 말하는 방식을 이 에필로그가 지지하고 있음을 발견한다. 즉 이 책의 마무리 말은 앞에 나온 것에 대한 반박이라기보다 상응하는 결론이다. 그러므로 저자가 여러 명이라고 억측할 필요성은 매우 적다.

지금까지 전도서는 전도자가 **무엇을** 말했는지 전해 주었다. 이제는 그가 그것을 **어떻게** 말했는지를 전해 준다. "전도자는 지혜자이어서 여전히 백성에게 지식을 가르쳤고 또 깊이 생각하고 연구하여 잠언을 많이 지었으며 전도자는 힘써 아름다운 말들을 구하였나니 진리의 말씀들을 정직하게 기록하였느니라"(전 12:9-10).

전도자는 **논리적 명확성**을 가지고 저술했다. 그는 시간과 노력을 들여 자기가 들어온 모든 지혜의 말을 평가했다. 그리고 우리의 온 주의를 요구할 만큼 중요한 것들("하나님께서 굽게 하신 것을 누가 능히 곧게 하겠느냐"[전 7:13]와 같은 잠언들)을 포함시켰다.

많은 사람이 생각하는 것처럼 전도자가 사실상 솔로몬 왕이라면 전도서가 잠언을 연구하는 것에 대해 한 말은 이치에 맞다. 솔로몬 왕은 평생에 걸쳐 많은 지혜로운 말을 들었지만(열왕기상 4장 32절에 따르면 그는 잠언 삼천 가지를 말할 수 있었다) 오직 지혜롭고 참된 말만을 성경에 포함시켰다.

전도자는 이 잠언들을 신중하게 평가했을 뿐 아니라 조심스럽게 정렬했다.

"한 섹션에서 다른 섹션으로 넘어갈 때 사고의 진전이 없다"며 저자가 "자기가 제기한 문제들에 대해 보편적이거나 만족스런 답을 제공하지 않는다"고 말하는 학자들의 불평과 달리 이 책이 구성되는 방식에는 충분한 논리가 있다.[7]

10. 하나님을 경외하는 삶

전도서는 완성된 문학작품의 구성을 갖추고 있다. 저자는 자신의 주제를 진술하고(전 1:1–11), 인생의 의미를 찾는 탐색 이야기를 전해 주며(전 1:12–6:12), 지혜자와 우매자의 차이를 보여 주고(전 7–11장), 죽음과 노년에 대해 말한 뒤(전 12:1–7), 모든 것이 헛되다는 제1주제를 다시 진술하는 것(전 12:8)으로 글을 맺는다. 장황해 보이는 전도서의 섹션들조차 이 책의 논리적 목표들을 떠받친다.

댄 트레이어르는 "책의 형식이 그 의미에 딱 들어맞는다"고 주장하며 다음과 같이 의아해한다.

> 전도서가 실제로 현인(賢人)의 인생 내러티브를 반영하는지는 의문이다. 한계가 분명한 무대에서의 탐색으로부터 시작하여 결국에는 이용 가능성이 있는 최선책인 잠언 및 핵심 주제를 반복 묵상하는 것으로 돌아간다. 그리고 계속해서 하나님과 죽음, 기쁨과 지식에 관해 분야를 넓히더니 가장 집약적이고 허무한 소재로 마무리한다. … 전도서는 현대 서구인들이 예상하고 취하는 방식인 직선 논법으로 진행되지 않는다. 테마와 모티브가 되풀이되면서 축적된 효과를 갖는다. … 전반적 효과는 고리형, 혹은 떠돌이형이다. 그 안에서 성경 본문은 앞으로 나아가면서 영역을 탐구하고 정반대 방향으로 나아가면서 또 다른 길을 개척하다가 결국 앞서 봤던 영역들을 새로운 각도로 다시 만나게 된다.[8]

전도자는 논리의 명확성뿐 아니라 **문학적 예술성**을 가지고 저술했다. 그는 "아름다운 말들"(전 12:10, 성경의 아름다움을 표현하는 경이로운 문구)을 찾으려 했다. 사람들이 전도자의 신학에 동의하든 안 하든 아무도 그의 문제를 비판하지 않는다.

미국의 작가 톰 울프(Tom Wolfe)는 전도서를 "내가 아는 가장 위대한 작품"이라며 "시가, 웅변, 진리에 있어서 최고의 꽃"이라고 묘사했다.[9]

전도서는 "해는 뜨고"(전 1:5), "천하만사가 다 때가 있나니"(전 3:1), "영원을 사모하는 마음"(전 3:11), "살구나무가 꽃이 필 것이며"(전 12:5), "사람은 자기의 시기도 알지 못하나니"(전 9:12) 등의 문구를 선사하는 책이다.

전도서의 아름다움으로 인해 하나님을 찬양하라. 이 책이 말한 내용뿐 아니라 이 책이 말하는 방식도 놀랍다. 어디에서나 그렇듯 여기에서도 하나님의 말씀은 우리의 귀를 즐겁게 하고, 상상력에 영감을 주며, 마음을 사로잡는다.

전도자는 또한 **지적인 진실성**을 가지고 저술했다. 그는 일단 기쁨의 말을 발견하고 "진리의 말씀들을 정직하게 기록하였다"(전 12:10 참조). 그는 멋지게 저술했을 뿐 아니라 진실하게 저술했다.

우리가 코헬렛에게 분명하게 기대할 수 있는 한 가지가 있다면, 그것은 타락한 세상에서 하나님과 인생에 관해 진리를 말해 준다는 것이다.

그래서 『모비딕』(Moby-Dick)은 전도서를 "잘 제련된 철의 비애"로 묘사한다.[10] 노년의 고통을 말하든 재산을 잃는 고뇌를 말하든, 전도자는 해 아래에서의 인생이 정녕 어떠한지 말해 주기를 결코 망설이지 않는다.

## 목자의 막대기

전도서의 저자는 명확성, 예술성, 진실성을 가지고 저술했다. 하지만 이 책을 내려놓기 전에 우리는 여전히 "전도자가 우리에게 인생의 덧없음을 말해 주는 이유는 무엇일까?" 물어야 한다.

전도서는 뚜렷한 목적 진술로 마무리된다. "지혜자들의 말씀들은 찌르는 채찍들 같고 회중의 스승들의 말씀들은 잘 박힌 못 같으니 다 한 목자가 주신 바이니라"(전 12:11).

"막대기"(개역개정에는 "채찍"으로 번역되었다-역주)는 목자들이 고집 센 짐승을 계속해서 움직이도록 자극하는 날카로운 도구다. 믿음의 사람들에게 전도서가 동일한 역할을 한다. 프란츠 카프카(Franz Kafka)가 읽기 원했던 책들("우리를 찌르고 해치는 책들", 혹은 "내면의 얼어붙은 바다를 위한 도끼"의 역할을 하는 책들)과 같다.[11]

성경의 소(cattle) 막대기 역할을 하는 전도서를 생각해 보라. 전도자의 말은 우리를 압박해서 돈이나 쾌락에서가 아니라 하나님의 선하심에서 영구적인 만족을 기대하게 한다. 우리를 조종해서 어리석은 분노나 비웃음에서 멀어지게 한다. 우리를 자극해서 인내하고 만족하고 기뻐하게 한다.

우리가 하나님을 잊을 때, 전도자는 우리의 창조주를 기억하라고 촉구한다. 영원히 살 것 같은 착각에 빠지기 시작할 때, 그는 우리의 옆구리를 찔러 언젠가 죽게 됨을 상기시켜 준다.

또한 전도서는 전도자의 말을 "잘 박힌 못"에 비유한다. 이것은 어떤 이들이 생각하는 것처럼 십자가에 대한 예언이 아니다. 영구성과 부동성에 대한 이미지다. 지혜의 말은 일단 마음에 들어오면 거기에 머문다. 나무에 세게 두들겨 들어간 못처럼 말이다.

성경의 잠언은 우리의 양심에 정확히 못 박는 방법을 터득하고 있다. 뿐만 아니라 우리 뇌에 달라붙는 방법도 터득하고 있다. 우리는 잠언을 듣고 나면 절대 잊지 못한다. 전도서에도 그런 잠언이 많다. "세 겹 줄은 쉽게 끊어지지 아니하느니라"(전 4:9, 12). "빠른 경주자들이라고 선착하는 것이 아니며 용사들이라고 전쟁에 승리하는 것이 아니며 … 이는 시기와 기회는 그들 모두에게 임함이니라"(전 9:11). 이 외에도 많다.

이 모든 말들(우리 마음에 잘 박혀서 그렇게 행동하도록 찌르는 지혜의 말들)은 "다 한 목자가 주신 바"(전 12:11)다. 이 목자는 전도자 자신을 가리키는 말일 수 있다. 왜냐하면 그는 스스로를 "예루살렘에서 이스라엘 왕"이라고 밝혔기 때문이다(전 1:12). 고대 사회에서 왕은 백성의 목자로 간주되곤 했다. 따라서 전도서의 솔로몬이 스스로를 전도자인 동시에 목자로 밝힌 것도 말이 된다.

그럼에도 보다 개연성이 있는 것은 '목자'가 하나님이시라는 것이다 (일부 번역본에서 그 단어가 대문자로 쓰인 이유이기도 하다). 지혜를 주는 행위가 우리로 하여금 그 연관성을 보게 도와준다.

전도서 12장 11절에서 지혜의 말을 "주신" 목자는 전도서 2장 26절에서 지혜와 지식을 주시는 하나님과 동일한 분이다. 12장은 전도서에서 '목자'가 처음으로 등장한다는 특징을 갖는데, 그 점이 전도자와 목자를 동일시하기보다는 오히려 구별하는 것처럼 보인다.[12] 더욱이 '목자'는 구약에서 시편 23편에서뿐 아니라 시편 80편과 같은 곳에서도 하나님을 지칭하는 고귀한 명칭이다. 거기서 하나님은 "이스라엘의 목자"로 불리신다(시 80:1, 78:72 참조). 그리고 이보다 훨씬 더 의미심장한 것은 선지자 에스겔이 "한 목자"라는 표현을 다윗의 자손인 메시아를 언급하는 데 사용한다는 것이다(겔 34:23, 37:24 참조). 이 모든 것을 고려할 때 전도서 12장의 "한 목자"는 유일한 목자이신 전능하신 하나님으로 인정하는 것이 가장 적절하다.

전도서의 저자를 신성한 목자로 보는 것은 그의 말이 그저 어느 회의적인 철학자의 묵상이 아님을 기억하게 한다. 그의 말은 영감을 받은, 결코 실수가 없는, 전능하신 하나님의 무오한 계시의 일부다. 영혼의 목자이신 하나님은 우리가 영적인 행위를 하게 하시려고 이 책을 사용하신다.

이와 같은 주장은 우리가 목자이신 예수 그리스도께서 구주가 되셨음을 기억할 때 훨씬 더 강력해진다. 예수 그리스도가 양들을 위하여 목숨을 버리신 선한 목자라면(요 10:11), 복음이 하나님의 양떼를 위한 "한 목자"로 밝힌 그 인물(요 10:16)이라면, 우리가 전도서에서 읽은 말씀 역시 그분의 말씀이다.

그분은 우리가 단지 "해(the sun) 아래에서" 살고 있는 게 아님을 알기 원하신다. 우리는 그 아들(the Son) 아래에서 살고 있다. 우리를 사랑하사 "우리를 위하여 자신을 버리신" 하나님의 아들 말이다(엡 5:2 참조).

## 더 이상 헤매지 말라

전도서를 읽는 것은 목자의 음성을 듣는 것이다. 다음의 최종 경고도 포함이다. "내 아들아 또 이것들로부터 경계를 받으라. 많은 책들을 짓는 것은 끝이 없고 많이 공부하는 것은 몸을 피곤하게 하느니라" (전 12:12).

전도서가 글쓰기와 책 읽기에 관해 말한 내용은 이제껏 살다간 모든 학자에게서 확인받을 수 있다.

고대 사회에 이미 왕실의 도서관은 책으로 가득했다. 대규모 사설 도서관을 짓느라 막대한 돈을 들이는 동시대인들에 대해 스토아 철학자이자 정치가인 세네카(Seneca)는 "책의 풍요는 집중을 방해한다"고 평했다.[13]

마찬가지로 독일의 철학자이자 수학자인 고트프리트 빌헬름 라이프니츠(Gottfried Wilhelm Leibniz)는 17세기 말에 출간된 "끔찍하게 많은 책들"이 모든 작가를 "일반적인 망각의 위험"에 몰아넣도록 위협했다고 불평했다.[14]

매년 백만 권 이상의 신간이 출간되는 오늘날 라이프니츠는 뭐라고 말할까?[15] 여기에 디지털 정보의 깜짝 놀랄 만한 성장을 덧붙여 보라. 2014년 4월 15일자를 기준으로 '정보 과잉'(information overload)이라는 용어를 검색한 구글 조회수는 1천 6백만 건 이상이다. 그러니 "많은 책들을 짓는 것은 끝이 없고 많이 공부하는 것은 몸을 피곤하게 하느니라."라는 성경말씀이 진리다.

물론 지성의 삶을 훈련시키는 크리스천 제자도가 설 자리는 있다. 하지만 인간의 지혜가 극도로 제한적이라는 사실을 항상 기억해야 한다. 이제까지 쓰인 책이 얼마나 많은가! 그럼에도 하나님을 아는 지식을 가르쳐 주는 책은 얼마나 적은가! 우리가 공부해야 할 가장 중요한 책은 단연 성경이다. 물론 전도서의 모든 가르침도 포함이다.

C. S. 루이스는 『천국과 지옥의 이혼』(The Great Divorce)에서 일평생을 진리를 찾는 데 쓰고 있는, 혹은 그렇게 말하는 지옥 변두리 출신의 한 남자를 그린다. 그 남자는 천국의 국경 지대를 배회하다가 하나님의 은혜로운 초청으로 입국을 허락받는다. 하지만 성령님은 그에게 이렇게 경고한다. "취조(inquiry) 분위기는 아니라는 걸 … 약속할 수 있다. 나는 너를 질문의 땅이 아닌 대답의 땅으로 데려갈 것이기 때문이다. 거기서 너는 하나님의 얼굴을 보게 될 것이다."

하지만 그 남자는 탐색을 마칠 준비가 되어 있지 않았다. 그는 다른 누군가의 결론을 받아들이기 전에 좀 더 연구하기 원했다. 그래서 이렇게 말한다. "우리는 모두 자기만의 방식으로 저 아름다운 말들을 해석해야 합니다! 나에게는 최종적인 대답이라고 할 만한 게 없어요. 탐구(inquiry)라는 자유의 바람은 항상 계속해서 지성에 두루 불어야 합니다. 안 그런가요?" 그러자 하나님의 영이 그 남자에게 말씀한다. "들으라! 한때 너는 어린아이였다. 한때 너는 탐구가 무엇을 위한 것인지 알고 있었다. 답을 원했고, 답을 발견할 때 기뻤기 때문에 질문하던 때가 있었다. 지금이라도 다시 그 어린아이가 되어라."

슬프게도 그 남자는 거절한다. "성인이 되고 나서 나는 유치한 짓들을 치워 버렸어요." 대화가 갑자기 중단되고, 그는 선약이 있음을 떠올리며 사과를 한 뒤 서둘러 지옥의 토론 그룹에 참석한다.[16]

아직도 영적인 진리를 찾아다니고 있는가? 이제 그 탐색을 끝내라. 그리고 모든 지식의 하나님께 굴복하라. 모든 대답을 갖기 전에 예수님을 신뢰하라. 바울이 디모데에게 "항상 배우나 끝내 진리의 지식에 이를 수 없다"(딤후 3:7 참조)고 경고한 사람이 되지 말라. 덜 받아들이지도, 더 요구하지도 말라는(계 22:18-19 참조) 성경말씀에 만족하라.

### 모든 것이 중요하다

우리는 전도자가 말한 내용과 말하는 방식, 그리고 이유를 들었다. 그렇다면 이제 어떻게 반응해야 할까? 전도서는 어떻게 끝이 날까?

전도서의 결말은 윤리적이면서도 종말론적인 결론을 제공한다. "일의 결국을 다 들었으니 하나님을 경외하고 그의 명령들을 지킬지어다. 이것이 모든 사람의 본분이니라. 하나님은 모든 행위와 모든 은밀한 일을 선악 간에 심판하시리라"(전 12:13-14).

하나님을 경외하는 것은 그분을 하나님으로 높이고 존경하는 것이다. 전도서가 우리에게 이렇게 하라고 말한 것은 이번이 처음이 아니다. 전도자는 하나님께서 거룩한 예배를 요구하시기 때문에 하나님을 경외하라고 말했다(전 5:7). 형통할 때나 곤고할 때나 하나님을 경외해야 한다고 말했다(전 7:14-18). 하나님을 경외하면 우리가 잘될 것이라고 말했다(전 8:12).

마이클 이튼(Michael Eaton)은 하나님을 경외하는 것에 대한 코헬렛의 관점을 다음과 같이 요약한다.

> 그것은 지혜의 시작일 뿐 아니라 기쁨과 만족의 시작이요, 목적이 있는 활기찬 인생의 시작이다. 전도자는 불가피한 냉소주의와 반감을 가진 채 하나님 없이 자기만족을 추구하는 장밋빛 인생으로부터 우리를 해방시키고 싶어 한다. 또한 지혜와 쾌락, 부, 인간의 정의나 진실성을 신뢰하는 것으로부터 우리를 해방시키려 한다. 그는 우리가 하나님의 실재하심과 선하심과 관대하심을 보기 바란다. 오직 그러한 시각만이 인생을 일관되게 만들고 목적을 이루게 한다는 것을 보기 원한다.[17]

전도서의 결말에서 우리가 하나님을 경외하라는 말을 듣는 이유는 언젠가 우리가 하나님의 손에 떨어져 심판을 받게 되기 때문이다. 지금 당장 하나님 앞에 나아갈 준비가 되어 있든 그분을 피하고 싶어 하든, 결국에는 우리 모두가 하나님 앞에서 심판을 받게 된다는 것이 진리다.

그날에 하나님은 모든 은밀한 죄를 드러내시고, 모든 숨겨진 선행을 밝히실 것이다. 그것이 선하든 악하든 모든 행위를 심판대 앞에 가져오실 것이다. 무슨 평범한 생각이나 무익한 말이든(마 12:36 참조) 그러하다. "그가 어둠에 감추인 것들을 드러내고 마음의 뜻을 나타내시리니"(고전 4:5).

전도서는 전에도 이것을 말한 적이 있다. 탐색의 날을 모두 마친 후 영적 순례길의 끝에 도달했을 때, 우리는 영원한 정의의 보좌에 이르러 위대한 재판관을 만날 것이다. 코헬렛이 마지막에 이것을 다시 말하는 이유는 최종적으로 분석해 볼 때 모든 것이 중요하다는 뜻이기 때문이다.

전도자는 그의 영적 탐색을 모든 것이 헛되다고, 하나님이 없다면 인생의 의미나 목적이 없다고 말하는 것에서 시작하고 마쳤다. '그게 전부일까?' 그는 계속해서 묻는다. '해 아래에서의 인생에 내가 본 것 이상은 없을까?'

하나님이 없다면, 그래서 최후 심판이 없다면, 우리가 무언가를 얼마나 중요하게 여기는지 알기가 어렵다. 하지만 세상을 심판하실 하나님이 계시다면 **모든 것이 중요하다.** 물론 이것이 전부는 아니다. 세상을 다스리시는 하나님이 하늘에 계시다. 내생이 있다. 어느 날 죽은 자들이 부활하고 이제껏 살다 간 모든 사람이 하나님 앞에 서게 될 것이다. 그날이 오면 생각하고 말하고 행동했던 모든 일에 영원한 의미가 있다는 게 분명해질 것이다.

이 땅을 사는 동안 시간을 어떻게 사용했는지, 어리석은 쾌락에 낭비하지는 않았는지, 아니면 주님을 위해 열심히 일했는지가 중요해질 것이다. 또한 돈을 어떻게 사용했는지, 자기 자신을 위해 썼는지, 아니면 영원한 나라에 투자했는지가 중요해질 것이다. 몸을 어떻게 사용했는지(눈이 무엇을 봤는지, 손은 무엇을 만졌는지, 입은 무엇을 말했는지)도 중요해질 것이다. 두 살배기를 위해 무엇을 했는지(그 아이를 위해 어떻게 시간을 냈는지, 그 아이의 수준에 맞춰 주었는지)가 중요해질 것이다. 다른 사람의 성과에 대해 뭐라고 말했는지(비꼬는 말인지 진심 어린 칭찬인지)가 중요해질 것이다. 교만한 자랑과 이타적인 희생이 중요해질 것이다. 집안일과 살림살이가 중요해질 것이다. 물 한 잔, 긍휼의 눈물, 전도의 말, 그 모든 것이 중요해질 것이다.

그러므로 전도서의 마지막 메시지는 아무것도 중요하지 않다는 게 아니라 **모든 것**이 중요하다는 것이다. 무엇을 했는지, 어떻게 했는지, 왜 했는지 전부가 영원한 중요성을 갖게 될 것이다.

천하만사가 모든 비밀을 아시는 의로운 하나님의 최종 판결의 대상이다. **오늘** 우리가 행한(혹은 행하지 않은) 일들이 최후 심판의 빛 안에서 전부 드러날 것이다.

이것이 사실이라면 가장 중요한 것은 각 사람이 예수 그리스도에 대해 내리는 개인적 결단이다. 전도서는 심판에 대한 경고로 끝난다. 은혜에 대한 약속이 아니다. 그러나 이 경고는 여전히 복음을 가리킨다. 만약 하나님께서 모든 것을 심판하신다면 그 위대한 날에 우리가 의롭다는 선고를 받으리라고 확신하는 것이 중요하다. 그것을 확신할 수 있는 유일한 방법은 우리 인생을 예수 그리스도께 의탁하는 것이다. 오직 그분만이 하나님의 공의로부터 우리를 구원하실 수 있는 자비를 가지신다.

우리 구주께서는 이 타락한 세상의 공허함 속으로 철저하게 들어오셨다. 우리와 마찬가지로 그분도 이 세상의 덧없음과 좌절을 겪으셨다. 아니, 오히려 우리보다 더하셨다. 십자가에서 우리 죄를 위해 죽으심으로써 그분은 우리가 받아 마땅한 심판을 받으셨다. 그 후 그분의 육체는 전도자가 말한 것처럼 흙에 눕혀졌다. 하지만 사흘 만에 기적적으로 부활하셨고 무덤에서 생명을 가져오셨다.

이제 곧 우리의 구주는 "하나님이 예수 그리스도로 말미암아 사람들의 은밀한 것을 심판하시는 그날"(롬 2:16)에 다시 오실 것이다. 성경은 하나님께서 "정하신 사람으로 하여금 천하를 공의로 심판할 날을 작정하시고 이에 그를 죽은 자 가운데서 다시 살리신 것으로 모든 사람에게 믿을 만한 증거를 주셨음이니라"(행 17:31)라고 기록한다.

또한 성경은 그 위대한 날이 올 때 예수님을 믿는 사람은 "심판에 이르지 아니하나니 사망에서 생명으로"(요 5:24) 넘어갈 것이라고 이야기한다. 믿음으로 우리는 의로우신 재판관 앞에 설 것이고 사랑의 구주의 팔에 안길 것이다. 예수님의 승리가 우리를 죄의 덧없음으로부터 구원할 것이다.

# 주

### 시작하는 글 – 모두를 위한 책, 전도서

1) John Donne, quoted in Christianson, *Ecclesiastes through the Centuries*, 97.
2) Matt Millen, quoted by David Johnson and Bob Flounders in 'Lions Were Never All Angels', *The Patriot News* (July 27, 2008).
3) James Wood, *The Broken Estate: Essays on Literature and Belief* (New York: Random House, 1999), 29.
4) Samuel Johnson, *A Dictionary of the English Language* (London, 1755)의 서문에서 발췌.

### 1. 왜 전도서인가?

1) Jonathan Kozol, *Amazing Grace: The Lives of Children and the Conscience of a Nation* (New York: HarperCollins, 1995), 23, 44.
2) Rabbi Tanhum, Mishnah *Shabbat*, quoted in Tremper Longman III, *The Book of Ecclesiastes*, New International Commentary on the Old Testament (Grand Rapids, MI: Eerdmans, 1998), 27.
3) Manfred O. Garibotti의 말이다. 그는 50년 이상 필라델피아 제10장로교회의 장로였다.
4) Sandra Richter, 'Two are Better than One: A Meditation in the Key of We', 2013년 9월 휘튼대학의 성경 및 신학대학에서 나눈 묵상.

5) Herman Melville, *Moby Dick* (Boston, MA: C. H. Simonds Co., 1892), 400. (『모비딕』, 작가정신).
6) Norbert Lohfink, *Qoheleth*, trans. by Sean McEvenue, A Continental Commentary (Minneapolis: Fortress, 2003), 1.
7) Michael V. Fox, *A Time to Tear Down and a Time to Build Up: A Rereading of Ecclesiastes* (Grand Rapids, MI: Eerdmans, 1999), 30.
8) 불어로는 "Plus ça change, plus c'est la même chose."
9) Derek Kidner, *The Message of Ecclesiastes*, The Bible Speaks Today (Downers Grove, IL: InterVarsity, 1976), 15. (『전도서 강해』, 아가페).
10) Roger Waters, 'Time', *The Dark Side of the Moon* (Harvest, 1973).
11) Stephen Crane, *The Black Riders and Other Lines* (Boston: Copeland and Day, 1896), 25.
12) Philip Larkin, *The Complete Poems*, ed. by Archie Burnett (Farrar, Straus and Giroux, 2013), as quoted in Thom Satterlee, 'Larkin's Monument', *Books and Culture* (July/August 2013), 37.
13) Mark Kurlansky, *Cod: A Biography of the Fish That Changed the World* (New York: Penguin, 1998) 참고.
14) Kidner, *Message of Ecclesiastes*, 20.
15) Henry Miller, 'Creative Death', *The Wisdom of the Heart* (New York: New Directions, 1941), 5.

16) Augustine, 'City of God', 20.3, in *Proverbs, Ecclesiastes, Song of Solomon*, ed. by J. Robert Wright, Ancient Christian Commentary on Scripture, OT 9 (Downers Grove, IL: InterVarsity, 2005), 261.

17) George Washington Carver, in William Federer, *George Washington Carver: His Life and Faith in His Own Words* (St Louis, MO: Amerisearch, 2002), 71-73.

18) Daniel J. Treier, *Proverbs & Ecclessiastes*, Brazos Theological Commentary on the Bible (Grand Rapids, MI: Brazos, 2011), 129.

19) Didymus the Blind, *Commentary on Ecclesiastes* 46.7 in *Ancient Christian Commentary on Scripture* IX ed. by Robert Wright (Downers Grove, IL: InterVarsity Press, 2005), 213.

20) 존 웨슬리의 일기(1777년 1월 2일) 도입부에서 발췌. quoted in R. N. Whybray, *Ecclesiastes*, New Century Bible Commentary (Grand Rapids, MI: Eerdmans, 1989), x ii-x iii.


## 2. 궁극적인 탐색

1) Douglas Adams, *The Hitchhiers's Guide to the Galaxy* (London: Pan Books, 1979), 162.

2) Whybray, *Ecclesiastes*, 2.

3) Fox, *A Time to Tear Down and a Time to Build Up*, 159.

4) Richard L. Schultz, 'Ecclesiastes', in *The Baker Illustrated Bible Commentary*, ed. by Gary M. Burge and Andrew E. Hill (Grand Rapids, MI: Eerdmans, 2012), 581.

5) Kidner, *Message of Ecclesiastes*, 28.

6) Walter C. Kaiser, *Coping with Change-Ecclesiastes* (Fearn, Ross-Shire: Christian Focus, 2013), 12.

7) 댄 트레이어르가 지적했듯이, 이 단어들은 솔로몬의 인생과도 연관된다. 왕상

3:9, 12와 대하 1:10, 12에서 솔로몬은 하나님께로부터 '마음'과 '지혜'를 받는 다(Treier, *Proverbs & Ecclesiastes*, 135).

8) Leonard Woolf, quoted in *Wireless Age* (September/November, 1998).

9) Whybray, *Ecclesiastes*, 49.

10) Francis Bacon, quoted in Charles Bridges, *A Commentary on Ecclesiastes* (1860; repr. Edinburgh: Banner of Truth, 1961), 207.

11) Clyde S. Kilby, *Minority of One: The Biography of Jonathan Blanchard* (Grand Rapids, MI: Eerdmans, 1959), 32.

12) Louis C. K., 2013년 9월 20일에 *Conan*과 인터뷰했다. (http://www.youtube.com/watch?v=5HbYScItf1c&feature=youtu.be&desktop_uri=%2Fwatch%3Fv%3D5HbYScItf1c%26feature%3Dyoutu.be&app=desktop).

13) Richard Dawkins, *River out of Eden* (New York: Basic Books, 1995). (『에덴의 강』, 사이언스북스).

14) Louis C. K. *op. cit.*

15) Orhan Pamuk, *Other Colors: Essays and a Story*, as quoted in Colin Thubron, 'Locked in the Writer's Room', *The New York Review of Books* (November 8, 2007), 54.18.4.

16) Kidner, *Message of Ecclesiastes*, 31.

17) H. C. Leupold, *Exposition of Ecclesiastes* (Grand Rapids, MI: Baker, 1952), 55.

3. 참된 즐거움

1) 'Is That All There Is?' by Jerry Leiber and Mike Stoller, as recorded in *Peggy Lee's Greatest Hits, Volume 1* (Curb Records).

2) Craig G. Bartholomew, *Ecclesiastes*, Baker Commentary on the Old Testament Wisdom and Psalms (Grand Rapids, MI: Baker, 2009), 135.

3) U2, 'The Wanderer', as sung with Johnny Cash on *Zooropa* (Island

Records, 1993).

4) Kidner, *Message of Ecclesiastes*, 31.

5) Michael A. Eaton, *Ecclesiastes: An Introduction and Commentary*, Tyndale Old Testament Commentaries (Downers Grove, IL: InterVarsity, 1983), 67.

6) David Hubbard, *Ecclesiastes and Song of Songs*, Mastering the Old Testament (Dallas, TX: Word, 1991), 35.

7) Gregg Easterbrook, *The Progress Paradox: How Life Gets Better While People Feel Worse* (New York: Random House, 2003), 124. (『진보의 역설: 우리는 왜 더 잘살게 되었는데도 행복하지 않은가』, 에코리브르).

8) Timothy Keller, *Counterfeit Gods: The Empty Promises of Money, Sex, and Power, and the Only Hope That Matters* (New York: Dutton, 2009), x. (『거짓 신들의 세상 : 내 삶을 좌우하는 단 하나의 희망 찾기』, 베가북스).

9) 인터뷰 참고. http://www.cbsnews.com/stories/2005/11/03/60minutes/main1008148_page3.2html.

10) Andrew Delbanco, *The Real American Dream*, quoted in Easterbrook, 248.

11) C. S. Lewis, *The Pilgrim's Regress: An Allegorical Apologetic for Christianity, Reason, and Romanticism*, 3rd edn. (Grand Rapids, MI: Eerdmans, 1958), 10. (『순례자의 귀향』, 보이스사).

12) Mark Driscoll, 'Setting the Record Crooked', *Preaching Today* (Issue 266).

13) 'The Wanderer'(1993).

14) Anne Bradstreet, 'The Vanity of All Worldly Things', in *Chapters into Verse: Poetry in English Inspired by the Bible*, 2 vols, ed. by Robert Atwan and Laurence Wieder (New York: Oxford University Press, 1993), 1:354.

15) C. S. Lewis, *Prince Caspian* (New York: MacMillan, 1951), 139. (『캐스피언 왕자』, 시공사).

16) Treier, *Proverbs & Ecclesiastes*, 136.

## 4. 노동과 성취

1) Christian Wiman, *Ambition and Survival: Becoming a Poet* (Port Townsend, WA: Copper Canyon Press, 2007), 116.

2) Allen Reynolds, 'Five O'Clock World' (1965).

3) Kaiser, *Coping with Change-Ecclesiastes*, 12.

4) Woody Allen, quoted in Steven Pinker, 'The Brain: The Mystery of Consciousness', *Time* (January 19, 2007), 70.

5) Leo Tolstoy, *A Confession*, quoted in Timothy Keller, *The Reason for God: Belief in an Age of Skepticism* (New York: Dutton, 2008), 201. (『살아있는 신 : 방황하는 영혼을 위한 희망의 카운터컬처』, 베가북스).

6) James Limburg, *Encountering Ecclesiastes: A Book for Our Time* (Grand Rapids, MI: Eerdmans), 33.

7) Warren Schmidt, '어바웃 슈미트'(New Line, 2002)에서 잭 니콜슨(Jack Nicholson)이 연기했다.

8) Gerhard von Rad, quoted in Whybray, *Ecclesiastes*, 12.

9) Martin Luther, 'Notes on Ecclesiastes', in *Luther's Works*, trans. and ed. by Jaroslav Pelikan, 56 vols. (St. Louis, MO: Concordia, 1972), 15:46.

10) Longman III, *Book of Ecclesiastes*, 107.

11) Elizabeth Huwiler, 'Ecclesiastes', in Roland Murphy and Elizabeth Huwiler, P*roverb, Ecclesiastes, Song of Songs*, New International Biblical Commentary, Old Testament (Peabody, MA: Hendrickson, 1999), 12:165.

12) 카툰 *New Yorker*, quoted in Robert K. Johnston, *Useless Beauty: Ecclesiastes through the Lens of Contemporary Film* (Grand Rapids, MI: Baker, 2004), 169.

13) Keller, *Reason for God*, 162.

14) Ray Stedman, *Is This All There Is to Life?* (Palo Alto, CA: Discovery House, 1999), 651-54.

15) Martin Luther, 그의 마태복음 6:24-34에 관한 설교에서 발췌, as quoted

in Ewald M. Plass, *What Luther Says: An Anthology* (St Louis: Concordia, 1959), 560.

16) Thomas Hughes, *Tom Brown's Schooldays*, quoted in F. W. Boreham, *In Pastures Green: A Ramble through the Twenty-third Psalm* (London: Epworth, 1954), 46, 48.


5. 하나님의 시간표

1) Plautus, quoted by A. Cornelius Gellius in his *Attic Nights (Notes Atticae)*, Book 3, section 3.

2) Horace Mann, quoted in Elizabeth M. Knowles, ed. *The Oxford Dictionary of Quotations*, 5th edition (Oxford: Oxford University Press, 1999), 493.

3) Pascal, *Pensées*, 78.

4) Frederick Carl Eiselen, ed. *Abingdon Bible Commentary* (New York: Doubleday, 1979).

5) Thomas Hardy, *The Dynasts* (1904, 1906, 1908).

6) Matthew Bridges, 'Crown Him with Many Crowns' (1852). ('면류관 벗어서' 새찬송가 25장, 한글 가사에는 없음-역주).

7) Charmaine Crouse Yoest, 'Time for Thanks' (November 25, 2013) http://time100.time.com/2013/11/25/time-for-thanks/slide/charmaine_yoest/.

8) Didymus the Blind, 'Commentary on Ecclesiastes', 88.29, *Proverbs, Ecclesiastes, Song of Solomon*, ed. by J. Robert Wright, Ancient Christian Commentary on Scripture, OT9 (Downers Grove, IL: InterVarsity, 2005), 230.

9) Vicomte de Turenne, quoted in Harold G. Moore and Joseph L. Galloway, *We Were Soldiers Once ... and Young* (New York: HarperCollins, 1992), 321.

10) 이 이야기는 2006년 11월 1일 로히터 통신에 의해 보도되었다.

11) Stephen F. Olford, *A Time for Truth: A Study of Ecclesiastes 3:1-8* (Chattanooga, TN: AMG, 1999), 9.

## 6. 죽음과 불의

1) *Nothing to be Frightened Of*는 2008년에 Knopf에서 출간되었다. 여기서 인용된 부분은 Garrison Keillor, 'Dying of the Light', *The New York Times Book Review* (October 5, 2008), 1, 10에서 발췌. (『웃으면서 죽음을 이야기하는 방법』(Nothing to be Frightened Of), 다산북스).

2) T. M. Moore, *Ecclesiastes: Ancient Wisdom When All Else Fails: A New Translation and Interpretive Paraphrase* (Downers Grove, IL: InterVarsity, 2001), 11.

3) Robert Burns, 'Man Was Made to Mourn: A Dirge' (1784).

4) 라나의 이야기는 *The Voice of the Martyrs*의 2008년 이슈(4-5쪽)에 묘사되어 있다.

5) Kidner, *Message of Ecclesiastes*, 42.

6) 이 수사들의 관습은 Haddon Robinson in 'The Grim Shepherd', *Christianity Today* (October 23, 2000), 115쪽에 묘사되어 있다.

7) *The Sopranos*, Season 2, Episode 7 (2000).

8) Whybray, *Ecclesiastes*, 17.

9) Olympiodorus, 'Commentary on Ecclesiastes', 3.21, in *Proverbs, Ecclesiastes, Song of Solomon*, ed. by J. Robert Wright, Ancient Christian Commentary on Scripture, OT 9 (Downers Grove, IL: InterVarsity, 2005), 233.

10) 이 주제는 다음 책에 멋지게 전개되어 있다. Treier, *Proverbs & Ecclesiastes*, 159.

11) Dietrich Bonhoeffer, *Creation and Fall*, in Dietrich Bonhoeffer, Works (Minneapolis, MN: Augsburg Fortress, 2004), 3:146.

12) Samuel Wilkerson, quoted in Harry S. Stout, *Upon the Altar of the Nation: A Moral History of the Civil War* (New York: Viking-Penguin, 2006), 240-241.

13) *The Voice of the Martyrs*, 4-5.


## 7. 불확실한 만족

1) James Snyder, Larry Silver and Henry Luttikhuizen, *Northern Renaissance Art*, 2nd ed. (Upper Saddle River, NJ: Prentice Hall, 2005), 442. 휘튼 대학의 미술사학자 매트 밀리너(Matt Milliner)에 따르면, 이 진지한 주제는 마시의 이미지로 그림을 그린 마리누스 반 레이메르스바엘(Marinus van Reymerswaele)의 1539년판에 더욱 명확하게 드러난다.

2) Longman III, *Book of Ecclesiastes*, 157.

3) Eaton, *Ecclesiastes*, 101.

4) Rabbi Harold Kushner, *When All You've Ever Wanted Isn't Enough* (New York, Simon and Schuster, 2002).

5) 제시 오닐은 그녀의 책에서 이 용어를 설명한다. Jessie O'Neill, *The Golden Ghetto: The Psychology of Affluence* (Center City, MN: Hazelden, 1996).

6) Charles Bridges, A *Commentary on Ecclesiastes* (1860; repr. Edinburgh: Banner of Truth, 1961), 115.

7) 'Can't Buy Me Love'와 'Money' (That's What I Want) 노래는 각각 *Hard Day's Night* (1964)와 *With the Beatles* (1963) 앨범에 실렸다.

8) Kidner, *Message of Ecclesiastes*, 56.

9) Simon Dyson, quoted in John Blanchard, *Where Do We Go from Here?* (Darlington, UK: Evangelical Press, 2008), 6.

10) Martin Luther, 'Notes on Ecclesiastes', in *Luther's Works*, 15:91.

11) Christian Wiman 'God's Truth Is Life' (from *My Bright Abyss*), *SEEN* (Christians in the Visual Arts), 13:2 (2013), 8.

12) Bridges, *Commentary on Ecclesiastes*, 66.

13) George Herbert, *George Herbert and the Seventeenth-Century Religious Poets*, ed. by Marion A.D. Cesare (New York: Norton, 1978), 57.

14) Eaton, *Ecclesiastes*, 104.


8. 하나님께서 굽게 하신 것

1) Catherine Woodiwiss, quoted in David Brooks, 'The Art of Presence', *New York Times* (January 20, 2014).

2) Thomas Boston, *The Complete Works of the Late Rev. Thomas Boston of Ettrick*, ed. by Samuel M'Millan, 12 vols. (London, 1853; repr. Wheaton, IL: Richard Owen Roberts, 1980), 12:205.

3) Thomas Boston, *The Crook in the Lot*, in *Complete Works*, 3:495-590.

4) Boston, *Crook in the Lot*, 3:499.

5) George Orwell, 'Politics and the English Language'(1946), quoted in Helen Sword, 'Inoculating Against Jargon', *The Chronicle Review* (June 8, 2012), B13.

6) C. S. Lewis, *Reflections on the Psalms* (New York: Harcourt, 1986), 115. (『시편 사색』, 홍성사).

7) Martin Luther, 'Notes on Ecclesiastes', in *Luther's Works*, 15:120.

8) Whybray, *Ecclesiastes*, 120-21.

9) Boston, *Crook in the Lot*, 3:511-16.

10) Boston, *Crook in the Lot*, 3:515-16.

11) James Montgomery Boice, 'Final Address at Tenth Presbyterian Church', in *The Life of Dr James Montgomery Boice, 1938-2000*, edited by Philip G. Ryken (Philadelphia, PA: Tenth Presbyterian Church, 2001), 44-45.

## 9. 창조주를 기억하라!

1) Beth Teitell, *Drinking Problems at the Fountain of Youth* (William Morrow, 2008), 12-13.

2) 다른 해석에 따르면, 이 구절의 모든 이미지는 누군가가 죽었을 때 마을에서 활동이 중단되는 방식 및 장례 절차를 가리킨다. Fox, *A Time to Tear Down and a Time to Build Up*, 37. 참고.

3) Bono, quoted by Denis Haack, 'Johnny Cash: Clouded by Sin, Colored by Grace,' *byFaith* (July/August, 2005), 39.

4) Bridges, *Commentary on Ecclesiastes*, 294.

5) Curtis Mitchell, *God in the Garden: The Story of the Billy Graham New York Crusade* (Garden City, NY: Doubleday, 1957), 16.


## 10. 하나님을 경외하는 삶

1) Arthur Miller, *After the Fall*(1964), quoted in Keller, *Reason for God*, 156, 57.

2) 나는 이 표현을 Richard Schultz, 'Ecclesiastes', 605에서 차용한다.

3) Kidner, *Message of Ecclesiastes*, 104.

4) Treier, *Proverbs & Ecclesiastes*, 227.

5) Iain Provan, *Ecclesiastes/Song of Songs*, NIV Application Commentary (Grand Rapids, MI: Zondervan, 2001), 226.

6) Whybray, *Ecclesiastes*, 169.

7) R. Norman Whybray, *Ecclesiastes*, Old Testament Guides (Edinburgh: T&T Clark, 1989), 17.

8) Treier, *Proverbs & Ecclesiastes*, 133-134.

9) Tom Wolfe, quoted in Robert Short, *A Time to Be Born-A Time to Die* (New York: Harper and Row, 1973), ix.

10) Herman Melville, *Moby Dick*, quoted in Johnston, *Useless Beauty*, 20.

11) Franz Kafka, quoted in E. G. Singgih, 'An Axe for the Frozen Sea: The Emerging Task of Theological Education and the Role of the Librarians', *Asia Journal of Theology* 12 (1998), 202–3.

12) Eaton, *Ecclesiastes*, 154.

13) Seneca, quoted in Ann M. Blair, *Too Much to Know: Managing Scholarly Information before the Information Age* (New Haven, CT: Yale University Press, 2011), 15.

14) Gottfried Wilhelm Leibniz, quoted in Blair, *Too Much to Know*, 58.

15) 유네스코(UNESCO)는 매년 이 통계를 발표한다.

16) C. S. Lewis, *The Great Divorce* (London: Geoffrey Bles 1945), 40ff. (『천국과 지옥의 이혼』, 홍성사).

17) Eaton, *Ecclesiastes*, 48.

## 사명선언문

너희가 흠이 없고 순전하여……세상에서 그들 가운데 빛들로
나타내며 생명의 말씀을 밝혀 _ 빌 2:15-16

**1. 생명을 담겠습니다**
만드는 책에 주님 주신 생명을 담겠습니다.
그 책으로 복음을 선포하겠습니다.

**2. 말씀을 밝히겠습니다**
생명의 근본은 말씀입니다.
말씀을 밝혀 성도와 교회의 성장을 돕겠습니다.

**3. 빛이 되겠습니다**
시대와 영혼의 어두움을 밝혀 주님 앞으로 이끄는
빛이 되는 책을 만들겠습니다.

**4. 순전히 행하겠습니다**
책을 만들고 전하는 일과 경영하는 일에 부끄러움이 없는
정직함으로 행하겠습니다.

**5. 끝까지 전파하겠습니다**
모든 사람에게, 땅 끝까지, 주님 오시는 그날까지
복음을 전하는 사명을 다하겠습니다.

## 서점 안내

**광화문점** 서울시 종로구 새문안로 69 구세군회관 1층
02)737-2288(T) 02)737-4623(F)

**강남점** 서울시 서초구 신반포로 177 반포쇼핑타운 3동 2층
02)595-1211(T) 02)595-3549(F)

**구로점** 서울시 구로구 시흥대로 577 3층
02)858-8744(T) 02)838-0653(F)

**노원점** 서울시 노원구 동일로 1366 삼봉빌딩 지하 1층
02)938-7979(T) 02)3391-6169(F)

**분당점** 경기도 성남시 분당구 황새울로 315 대현빌딩 3층
031)707-5566(T) 031)707-4999(F)

**일산점** 경기도 고양시 일산서구 중앙로 1391 레이크타운 지하 1층
031)916-8787(T) 031)916-8788(F)

**의정부점** 경기도 의정부시 청사로47번길 12 성산타워 3층
031)845-0600(T) 031) 852-6930(F)

**인터넷서점** www.lifebook.co.kr